벼랑 끝이지만 아직 떨어지진 않았어

소재원 에세이

차례

친구야! 내 이야기 한번 들어볼래?　　　　　　　　　　　　　　　16

1부 투. 마이 프렌즈	

TO. 지금이 힘들다는 나의 친구에게　　　　　　　　　24

TO. 실패가 많은 나의 친구에게　　　　　　　　　　　30

TO. 주위의 반대를 받고있는 나의 친구에게　　　　　34

TO. 감정을 숨기고 살아가는 나의 친구에게　　　　　40

TO. 두려움이 많은 나의 친구에게　　　　　　　　　46

TO. 항상 부족하다고 여기는 나의 친구에게　　　　　52

TO. 행복을 잘 모르고 있는 나의 친구에게　　　　　　60

TO. 열등감이 크고 자존감은 낮은 나의 친구에게　　68

TO. 사랑에 힘들어 하는 나의 친구에게　　　　　　　76

TO. 미래가 보이지 않는다는 나의 친구에게　　　　　80

TO. 도전에 대한 타인의 조롱과 괄시, 비웃음과　　　86
　　비난이 두려운 나의 친구에게

2부

사랑, 이별

문득 떠오르기보단	96
정말 죽고 싶었던 적이 있어.	97
오늘 같은 날씨는…	98
십 년 전,	99
사랑에 이별이 절대 오지 않는 법	100
그리움으로부터 자유를 찾으려면,	101
어린 시절 우린	102
사랑은 이별보다	103
천생연분	104
똑같은 사랑은 존재하지 않아요.	105
사랑이 그리운 날입니다.	106
사랑이 끝나면	107
그녀는	108
오늘 그대,	109
연애란	110
왜 당신을	112
내가 네게서	113
사랑받고 싶죠?	114
이별하셨나요?	115
사랑을 만날 때,	116
그거 알아?	117
당신을 기다리는 일.	118

누구나 그리운 이름 하나 있기 마련이지.	119
당신과 헤어진 지	120
누군가를 그리워하는 일	121
20년이 흘러	122
잘 지내시나요?	123
도곡동에서 압구정 한강까지	124
그가 물었다.	125
짧은 사랑	126
사랑이 최고라 생각해요?	127
사랑이 범람하는 이 시대에	128
'사랑해'라는 말	129
여러분,	131
이별에게 물었다.	132
어느 사람이 내게 말했다.	133
뜬금없이 생각나서 전화한 거 아니야..	134
돈으로 산 반지	135
어느 사람이 사랑에 대해 물어왔어요.	136
사랑...	137
잃음으로.....	138
슬픔을 안고 살아간다는 것	139
비가 좋았던 적	140
그가 옛사랑에 대해 물었다.	141

지금 곁에 있는 연인	142
피식 웃음이 나옵니다.	143
그리운 만큼만	144
먼 훗날	145
이제 내 배는 그대의 항구에서 떠나	146
얕은 물	147
눈물 나게	148
울리지 않는 전화를 기다리는 일.	149
내게 기다려 달라고 했지요?	150
선인장	151
나는 가끔 손가락으로 더듬어	152
가슴에서	153
이별 다 해보셨죠?	154
수많은 소나기를 만났어.	155
눈물 없는 이별을 원했다.	156
오래전 한 남자를 만났어요.	157
그녀기 긴 시간 숨겨온	158
우리는	159
사랑은 힘듭니다.	160
당신의 모든 걸 공유하고 싶은 사람이 있나요?	161
사람들을 만나면	162
사랑에 빠진 이에게	163

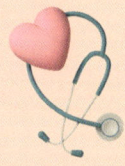

옛사랑과 닮은 이	164
사랑을 하려거든,	165
오래오래 살아주세요.	166
나는 당신을 모릅니다.	167
비가 옵니다.	168
가져본 적이 있어야	169
보고 싶은 사람	170
존경하는 사람	171
목숨을 건 키스를 해본 적 있으신가요?	172
드라마를 보면	173
나는 믿어요.	174
내가 가장 두려운 순간...	176
내 앞에서 걸어가지 마세요.	177

3부

인생, 별책부록

네가 가진 명품	180
아직도 꿈을 꾸며 살아가시나요?	181
살아가는 동안	182
나이가 많아서	183
누군가의 꿈	184
사람들은	185
월요일이네요.	186
12시 점심시간!	187
하루살이	188
12월 30일.	189
잘 지내세요?	190
지친 당신	191
세상 모든 일	192
우린 행복한 순간 아쉬워해요.	193
여러분이 존경하는 누군가	194
자신이 특별하지 않다고 생각해요?	195
지금 고민은	196
불안하거나 고민이 있으세요?	197
행복을 잘 모르겠어요?	198
모든 사람은 행복을 원해요.	199
누군가 사정이 어려운 그대에게	200
우리는 만남보다	201

우린 사람을 만날 때	202
행복하고 싶으시죠?	203
오늘 그대의 시간	204
모두가 다른 꿈을 가지고 있지만	205
우린	206
자신이 가치가 없다고 생각해요?	207
힘드세요?	208
그대가 밤새 술을 마시며 세상을 불평할 때	209
삶의 의미	210
그대 인생	211
이런 날이 있었어.	212
행복의 순간	213
한 사람	214
교정기를 한 아이	215
늦은 시간입니다.	216
코끝 시린 날 버스 정류장.	217
오늘은 미래를 위해 노력할 때가 아니야.	218
42년을 살면서 느낀 건...	219
운동을 끝내고 집으로 돌아오는 길	220
"그것도 못 해?"라고 말하기 전에	221
부부싸움	222
'시티 오브 조이'라는 영화가 있어요.	223

세 치 혀와 두 귀	224
전 화려한 말솜씨를 신뢰하지 않아요.	226
다 잃은 지금의 삶	227
현재 많은 고민과 미래의 불안으로 답답하세요?	228
오늘이 왔지요.	229
내가 누군가의 가슴에서 살아간다는 건	230
호의라는 예의를 호감으로 받아들이는 순간	231
두려움이 앞서던 나를 찾는데	232
지식의 범람 속에	233
시골에서는	234
유명한 아무개	235
다이아몬드	237
20대는 10대에게	238
하루의 시간	239
라면을 끓이는 방법	240
최근	241
제가 강의할 때 말하죠.	242
단점보다 장점이 많은 사람은 세상에 없어.	243

투. 마이. 프렌즈.

소재원 에세이

작가 소개

사람들은 아들의 어린 시절을 초라하고 보잘것없었다고 이야기합니다. 실제로 아들이 가장 많이 듣고 자란 말이 '보잘것없는 놈'이었으니까요.

이혼, 가난, 장애, 폭력, 왕따라는 불행이 함께 했기 때문입니다.

못난 아비의 인생을 보고 아들의 인생까지 초라하고 보잘것없다고 단정 지은 겁니다.

아들은 아주 오랫동안 사람들에게 불행한 아이로 인식되었습니다.

하지만 아니었습니다.
한쪽 다리가 불편한 아비의 두 다리가 되어준 아들이었습니다.
자신에게 닥친 불행에도 웃음을 잃지 않은 아들이었습니다.
저에게 항상 희망 가득한 미래를 말하던 아이였습니다.
그리고 하루도 빠짐없이 저와 약속했습니다. 자기가 말한 모든 이야기가 현실이 될 거라고요.

거창한 이야기를 하지 않겠습니다. 솔직히 아들이 무엇을 이뤘는지 잘 모릅니다. 분명한 건 제게 이야기했던 허상과 같은 이야기들이 현실이 되었다는 사실입니다.

아마 아들을 존경하는 아비는 제가 처음일 겁니다.

이런 내 아들에게 희망을 준 여러 편의 글과 편지를 소개할 수 있어서 진심으로 감사합니다.

친구야! 내 이야기 한번 들어볼래?

한 아이가 있었습니다.

그 아이의 첫 기억은 장애인 아버지와 단칸방에서 살았다는 것이었습니다. 3평 남짓한 단칸방에는 화장실도 없었습니다. 아이는 다섯 가구가 함께 쓰는 공용 화장실을 사용해야만 했죠.

아이는 학교에서도 왕따를 당했습니다. 가난으로 항상 같은 옷을 입고 발에 비해 아주 작은 신발을 신고 다녔거든요. 옷에선 냄새가 났고, 발이 아파 친구들과 뛰어놀지 못한 아이는 자연스럽게 왕따가 됐어요.

아이는 스스로 책가방을 짊어질 수 있는 나이가 되자 아르바이트를 해야만 했습니다. 가난은 이른 새벽 신문 배달을 시작으로, 늦은 저녁 전단지 아르바이트까지 강요했죠. 하지만 가게 주인들은 약속한 돈을 제대로 주지 않았어요. 11살이 된 아이가 가게 주인에게 약속대로 돈을 지급해 달라고 말한 적이 있습니다. 슬프게도 아이는 가게 주인에게 두들겨 맞고 손가락을 열 바늘이나 꿰매야 했어요. 물론 돈은 한 푼도 받지 못했답니다.

불행은 여기서 끝나지 않았습니다. 아이가 13살 때 엄마는 가난과 장애가 있는 아버지가 싫다며 도망쳤습니다. 아이에게 가족마저 등을 돌린 거예요.

엄마는 그렇게 인사도 없이 떠났습니다. 아이는 엄마를 떠나보낸 먹먹하고 슬픈 감정을 표현할 수 없었어요. 만약 아이가 운다면 겨우 버텨내던 남겨진 가족들이 무너질 것 같았거든요. 눈물을 삼키는 일에 익숙했던 아이는 엄마가 떠나던 날도 아무렇지 않게 잠자리에 누웠어요. 그리고 남몰래 엄마에게 붙이지 못하는 편지를 씁니다.

- 사랑한다고, 잘못했다고, 커서 돈 많이 벌 거라고, 그 돈 전부 엄마 줄 테니까 자고 일어나면 제발 돌아와 달라고.

아쉽지만 아이의 바람은 영원히 이뤄지지 않았습니다.

그런 아이는 그리움의 크기만큼 커다란 꿈을 꾸기 시작합니다. 유명해지고 싶다는 꿈을요. 유명해지면 누군가에게 맞지 않고 정당한 대가를 지급받을 수 있다고 생각했어요. 모든 사람이 알고 있는 멋진 사람이 되면 친구도 생기고 엄마 역시 돌아올 거란 믿음이 생겼죠. 물론 발에 꼭 맞는 신발과 옷을 살 수 있다는 상상도 꿈을 꾸게 만든 중요한 역할을 했지만요.

아이는 고민 끝에 작가가 되기로 결심했어요. 작가는 한글만 알면 된다는 단순한 생각이 만든 목표였어요. 하지만 목표와 꿈이 생겼다고 현실이 기적처럼 바뀌는 건 아니었어요. 아이는 고등학교를 졸업할 때까지 왕따를 당했고 아르바이트를 쉬지 않았으며, 늘 작은 신발을 신고 냄새나는 옷을 입고 다녔답니다. 당연히 아르바이트하면서 정당한 임금을 받아 본 적도 없었죠. 한 번 맞아봤던 터라 절대 반항하지 않았거든요.

그렇게 스무 살이 된 아이는 노숙을 하게 됩니다. 대학을 가지 못한 아이는 집을 나와 작가가 되기 위해 서울로 상경했는데요. 그때 수년을 모은 200만 원을 사기당해 버렸어요. 채팅으로 알게 된 사람이 있었는데, 서울에서 글쓰기 학원을 운영하는 현역

작가라며 접근했어요. 학원비만 내면 숙소를 제공해 주고, 일 년만 배우면 작가 데뷔도 가능하다고 장담했죠. 아이는 한 달 동안 사기꾼과 채팅하면서 애타게 고등학교 졸업식을 기다렸어요. 어디든 떠날 수 있는 자유가 주어지기도 하지만, 사기꾼에게 약속한 200만 원이 채워지는 날이었거든요.
드디어 아이가 졸업하던 날, 사기꾼에게 200만 원을 입금합니다. 그리고 부푼 마음을 안고 기차를 탔죠. 서울에 도착하고 처음 한 시간 정도는 즐겁게 사기꾼을 기다렸어요. 그렇게 5시간 정도 기다리고 나서야 비로소 속았다는 것을 알게 됐죠. 바보같이 따뜻하고 친근한 말투에 속은 아이는 돈만 빼앗기고 미아가 된 거예요. 아마 아이의 인생에서 가장 큰 절망이었을 거예요. 눈앞이 캄캄해지며 찾아온 두려움과 포기, 불행, 좌절은 갓 스무 살이 된 아이에게 엄청난 시련이었답니다.

아이는 그렇게 낯선 곳에서 노숙을 하게 됐어요. 하지만 꿈을 절대 포기할 수 없었어요. 꿈마저 자신을 떠나면 살아갈 희망마저 놓아버릴 것 같았으니까요.

아이는 일용직 노동을 쉬지 않고 열심히 했어요. 오직 작가가 되겠다는 단 하나의 목적을 위해서요. 길거리에서 노숙을 하거나 목욕탕에서 쪽잠을 자며 새벽 인력시장에 하루도 빠짐없이 나갔어요. 일을 하면 간식으로 나오는 빵을 저녁밥으로 아껴놓고 점심 한 끼 만으로 버텼어요. 그래서 아이는 지금도 빵을 먹지 않습니다. 아이의 생일엔 케익 대신 언제나 고기를 먹어요. 그 시절 삼겹살이 너무 먹고 싶었데요. 그 바람이 여전히 깊숙한 곳에 남아있나 봐요.

아이는 고생 끝에 30만 원짜리 중고 노트북을 구입하게 됩니다. 20년 만에 처음으로 자기가 원하는 것을 사본 날이자 꿈을 위한 첫 도전을 시작한 날이었어요. 그래서였어요. 노트북을 산 아이는 목욕탕에서 잘 돈을 가지고 삼겹살을 사 먹었어요. 스스로 축하를 해주고 싶었거든요. 삼겹살을 먹을 때도 노트북에 기름이 튀지 않게 점퍼 안에 넣고 먹었답니다.

이런 행복의 순간이 어디에서부터 잘못된 것일까요? 아이의 행복은 하루도 되지 않아 처참하게 짓밟혀요. 노숙인들이 노트북을 빼앗으려 달려들었거든요. 아이는 태어나서 처음으로 싸움이라는 걸 하게 됩니다. 20년 넘게 빼앗기고 얻어터졌어도 두려움 때문에 덤비지 못했던 아이가, 꿈을 지키기 위해 끝까지 달려들어 봅니다. 결국 의경으로 보이는 젊은 경찰들이 싸움을 만류했고, 불리해진 노숙인들은 아이가 노트북을 훔친 것 같다며 도둑으로 몰기 시작했죠.

젊은 경찰들은 사실대로 말하라며 아이를 때리기 시작했어요. 아이는 경찰이라는 거대한 존재에 겁을 먹고 저항할 의지를 잃었어요. 아이가 할 수 있는 것이라고는 그저 무릎 꿇고 눈물 흘리며 사정하는 일뿐이였죠. 잘못한 게 없었지만 유일한 방법이었어요. 누구도 억울한 아이를 대변해 주지 않았으니까요.

"진짜 제가 돈 주고 산 거예요. 제발 저 좀 보내주세요."
한 시간이 넘는 구타의 기억은 아직까지도 아이의 꿈에 자주 나타나 괴롭히고 있답니다. 그때 아이는 발목 인대가 끊어졌어요. 하지만 수술을 제때 하지 못해 아직도 뛰어다니거나 까치발을 들지 못해요. 발목이 꺾여버리거든요.

그때부터 아이는 독하게 꿈을 부여잡게 됩니다.
돌아보니 정말 슬펐으니까요.
누구도 아이를 위해 나서주지 않았으니까요.

어떻게 하면 아르바이트를 하고 돈을 제대로 받을 수 있는지. 어떻게 하면 억울한 일을 당하고 구타당했을 때 보호받을 수 있는지 아무도 알려주지 않았으니까요. 아이는 반드시 꿈을 이루겠다는 맹세를 하게 됩니다. 누군가는 아이와 같은 일을 겪지 않도록 지켜주고 싶었어요. 꼭 작가가 돼서 자신만이라도 약자들의 이야기를 쓰고 대변해 보겠다는 다짐을 하게 됩니다.

그리고 딱 서른 살까지만 살아 보기로 합니다. 그때까지 꿈을 이루지 못하면 미련 없이 생을 마감하겠다고 마음을 굳힙니다. 그러니까 죽을힘을 다해 작가가 되자고 채찍질하며 30만 원짜리 중고 노트북을 소중히 껴안아 봅니다.

그 아이…
지금 어떻게 됐을까요? 다행히 살아있습니다.

26살에 영화 〈비스티 보이즈〉 원작 소설로 데뷔하게 됩니다. 그 뒤로 영화 〈소원〉의 원작 소설 〈소원〉과 영화 〈터널〉의 원작 소설 〈터널〉, 영화 〈공기살인〉의 원작 소설 〈균〉을 출판하며 직접 시나리오까지 집필합니다. 그뿐만 아니라 드라마 〈이별이 떠났다〉 원작 소설과 극본을 집필하게 되면서 대한민국 최초로 자신의 소설을 가지고 영화와 드라마까지 쓴 작가로 기록됩니다. 지금까지 아이의 작품을 본 독자와 관객, 시청자는 천이백만 명이 넘습니다.

아이는 이제 '약자를 대변하는 작가'라는 수식을 얻었습니다.

비록 손가락은 누군가의 폭력으로 흉터가 남아있지만, 발목 인대가 없어 뛰지는 못하지만, 그런 자신의 억울한 경험들이 아이에게 약자를 대변하는 작가라는 수식을 남겨준 것입니다.

그 아이는 말합니다.
"불행과 절망뿐이었던 그 시절 항상 달님과 별님을 보며 중얼거렸던 말이 있었어요."
- 벼랑 끝이지만……. 아직 떨어지진 않았어.

벼랑 끝에 서 있는 나의 친구들에게 꼭 말해주고 싶었어요.
지금 좌절이 찾아왔나요? 불행하다고 생각해요? 포기하고 싶어요? 죽고 싶어요?
나의 친구여!
이 모든 걸 우리 10년 뒤로 미루어봐요.
우리 10년 뒤에 좌절해요.
우리 10년 뒤에 불행해요.
우리 10년 뒤에 포기해요.
정말 10년 뒤에 좌절하고 불행하고 포기하게 된다면
우리 10년 뒤에 죽기로 해요.
그때까진 우리 좌절하지도 말고, 불행하지도 말고, 포기하지도 말고, 죽지 않기로 약속해요.

TO. 지금이 힘들다는 나의 친구에게

벼랑 끝까지 몰려본 적이 있었어. 창문 하나 없는 지하방에서 살던 시절이 있었는데 도시가스와 전기가 끊겨버렸어. 월세는 3개월을 밀렸어. 보증금이 없었던 방이라 집주인은 방을 빼라고 매일 같이 찾아왔어.

일을 하지 않았냐고? 당연히 했지. 편의점 아르바이트를 했었는데 월급을 받지 못했거든. 사장에게 월급을 달라는 문자를 보내면 매번 오늘 출근하면 준다는 말뿐이었어. 막상 출근하면 얼굴도 비추지 않았어. 나는 하루 종일 굶다가 유통기한이 지난 음식들로 배를 채웠지.

그날도 퇴근 시간까지 온다던 사장은 코빼기도 보이지 않았어. 나 같은 사람은 희망 고문을 절대 거부할 수 없다는 걸 잘 알고 있었던 거야.

왜 다른 일을 찾아보지 않았냐고 탓하고 싶어? 나라고 그런 생각을 하지 않았을까? 하지만 당시엔 자신감이 없었어.
'나 같은 사람을 누가 뽑을까?'라는 두려움이 가장 먼저 찾아왔어. 20년을 살면서 제대로 된 임금을 받아본 적이 없던 나였잖아. 어느새 임금을 주지 않는 사람들을 탓하기보다, 내가 제대로 된 돈을 받을 수 없는 모자란 사람이라고 생각하게 됐어. 설령 당장 일자리가 있다고 해도 월급을 받을 때까지 버틸 수도 없었고 정직하게 임금을 줄 거라는 확신도 없었지.

내일이 급한 나는 어쩔 수 없이 희망 고문을 쫓아가야 했던 거야.

결국 니는 계산대에 있는 돈을 가져간다는 분자를 남기고 20만 원을 뺐어. 월세를 일부라도 내야 쫓겨나지 않을 것 같았어. 50만 원이 밀렸었는데 20만 원을 먼저 주며 기다려 달라고 사정하려 했어.

교대를 마치고 편의점을 나가려는 순간, 사장이 급하게 들어왔어. 오랜만에 본 사장은 다짜고짜 내 뺨을 때리고 도둑이라며 멱살을 잡았어. 나는 월세가 밀려서 어쩔 수 없었다고 따졌어. 사장은 CCTV에 다 찍혔다며 경찰에 신고한다고 협박했어. 그동안 교대 때마다 돈이 비었던 것도 내가 훔쳐서 그런 것 같다는 누명까지 씌웠어. 결국 욕은 욕대로 먹고 월급 한 푼 받지 못하고 쫓겨났어. 절도로 신고한다는 협박이 그땐 왜 그렇게 겁이 났는지 몰라. 겨울이었고 아침 7시가 조금 넘은 시간이었는데 엄청 추웠던 걸로 기억해. 눈물을 펑펑 쏟아내며 집으로 돌아오는데 눈물마저 말라버릴 사건이 기다리고 있었어. 집으로 내려가는 계단에 내 짐이 나와 있는 거야. 주인은 문 앞에 '접근 금지'라는 메모를 큼직하게 붙여놓았어. 나는 계단에 쭈그려 앉아 주섬주섬 옷가지를 챙겼어. 짐이라고 해 봤자 책가방으로 3개 정도였어. 나는 추위를 견디기 위해 옷을 몇 벌 껴입고 가방을 앞뒤로 맨 채 동네 산으로 향했어. 아침 운동을 나온 사람들이 나를 이상하게 바라봤지만 아랑곳하지 않았어. 무작정 정상을 향해 걷기만 했어. 가파른 산길을 부지런히 걷다 보니 추운 겨울임에도 몸에서 땀이 나더라. 아직도 그 느낌을 잊지 못해. 칼바람은 기분 좋은 시원함을 안겨줬어. 얼어서 잘 움직이지 않던 발가락에서는 뜨거운 열이 올라왔어. 손도 마찬가지였어. 날씨는 겨울인데 내 몸은 봄을 맞이한 것만 같았어.

정상에 다다를 때까지 추위는 나를 침범하지 못했어. 제일 높은 곳에서 내리쬐는 따뜻한 햇볕을 맞으며 세상을 내려다봤어. 억울하게 뺨을 맞고 집에서 쫓겨난 각박한 세상은 의외로 고요했어. 그렇게 한참 동안 세상을 내려다보니 내가 당한 일이 크게 아파 오지 않더라. 그때 나도 모르게 중얼거렸어.

"벼랑 끝이지만, 아직 떨어지진 않. 았. 어."

벼랑 끝에서 아직까진 대롱대롱 매달려 있더라고. 떨어지지 않으려 안간힘을 쓰고 있더라고. 나는 그 뒤로 힘겨울 때마다 산에 올라 중얼거리는 버릇이 생겼어. 나에겐 가장 힘이 되는 습관 중 하나이기도 해.

넌 어때? 벼랑 끝까지 내몰려 본 적 있니?
가난, 왕따, 바람난 엄마, 장애인 아빠, 노숙, 폭력 중에서 몇 가지 불행을 마주해 봤니?
네가 좌절하고 주저앉아있는 공간이 혹시 따뜻한 방안이니?
폭력에 길들여져 대인기피증에 시달리고 있니?
몸이 불편한 아버지를 대신해 초등학교 때부터 쉬지 않고 돈을 벌어봤니?

엄마라는 존재를 13년이나 그리워하며 살아봤니?
적어도 나보다는 네가 나은 조건에 서 있어. 벼랑 끝으로 내몰렸던 나조차도 떨어지지 않았어. 나보다 뛰어나고 괜찮은 환경에서 살아가는 너에겐 더 많은 기회와 희망이 찾아올 거야. 나같이 불행뿐인 인생에도 기적은 찾아왔잖아.

우리 지금부터 모든 절망을 십 년 뒤로 미루어 보자. 그럼 적어도 십 년은 희망으로 살아갈 수 있어. 내 이야기를 믿지 말고 너의 십 년 후를 신뢰하고 따라가 봐. 내게 기적이 찾아올 수 있었던 이유는 십 년 뒤의 인생을 신뢰했기 때문이었으니까. 십 년 뒤에 불행해지기로 했어. 십 년 뒤에 절망하고 십 년 뒤에 죽기로 결심했지. 그래도 십 년 정도는 노력을 해봐야 불행과 절망과 죽음이 찾아와도 억울하지 않을 것 같았어. 세상에 미련을 두지 않으려면 십 년은 죽어라 살아봐야 할 것 같았어.

분명 나는 겁도 많고 비굴했으며 평균 이하의 사람이었어. 반면에 너는 어때?
내 물음에 답은 뻔하잖아. 너 스스로 아주 잘 알고 있잖아.
너는 나보다 더 나은 사람이라는 걸... 너는 나보다 훨씬 괜찮은 사람이라는 걸...

그렇다면 미루어 보자. 널 괴롭히는 모든 것들을 십 년 뒤로……

- 항상 널 응원하고 싶은 친구 재원이가.

TO. 실패가 많은 나의 친구에게

오늘도 실패했겠지? 나도 그렇거든. 실패는 일상과 같이 늘 우리를 따라다니니까. 어렸을 때부터 그랬잖아. 우린 처음 경험하는 모든 것들에 실패했어. 나중에 익숙해지고 경험이 쌓이면서 할 줄 알게 된 것뿐이지. 나도 모르게 이불에 오줌을 싸던 때가 있었지만 지금은 어때? 별거 아닌 일이자 절대 실수 하지 않고 살아가잖아.

근데 그거 알아? 시간이 지난다 해도, 어른이 되고 경험이 풍부한 노인이 된다고 해도 실패는 조금도 줄어들지 않아. 단지 할 줄 아는 게 많아질 뿐이지.

친구야! 우린 실패가 없는 삶을 살아가려고 해선 안 돼. 예전에는 어려웠고 실패했던 일들이 쉬워지긴 하겠지만, 그만큼 새로운 난관은 우리를 쉴 새 없이 찾아와 실패와 실수를 만들 테니까.

네가 알다시피 나는 작가야. 글쓰기는 아주 익숙한 내 삶의 일부지. 그런 나도 새로운 소설과 드라마, 영화를 집필할 때 하루도 빠짐없이 실수를 해. 지금 네게 쓰는 편지도 끊임없는 실수 속에 열 번은 넘게 고쳤을 거야. 매번 그랬어. 실수가 없었던 작품이 없었고 실패가 없었던 작품이 없었단 말이야. 글쓰기는 익숙하지만 늘 처음 쓰는 생소한 창작은 나에게 낯선 경험을 가져다주거든. 미련하게도 14년 차 글쟁이가 되어서야 어떤 작품도 완벽한 작품은 없다는 걸 깨달았어. 지금은 스스로 내 작품에 완벽함을 바라지 않아. 너도 그랬으면 해. 실패와 실수에 부담 갖지 말았으면 좋겠어. 완벽함은 인간에게 불가능한 영역이니까.

난 이렇게 생각해. '지금의 실패는 결국 미래에 아무것도 아닌 게 된다.'라는 진리를 믿고 가기만 하면 되는 거라고. 그렇잖아. 지금 실수하고 실패하는 것들이 연습을 통해 익숙해지면 성공으로 바뀌는 거 아닐까? 실패가 많아야 할 수 있는 것과 이룰 수 있는 기회가 많아지는 거라는 초 긍정적인 생각으로 살아보는 건 어때?

친구야! 오늘도 우리는 수많은 실패와 실수를 연습했어. 점차 오늘 겪은 것들이 성공으로 다가올 거야. 그러니까 실패가 꼭 좌절이란 단어의 친구가 아니라는 걸 기억하자.

좀 더 진실한 이야기를 들려줄까?
오늘 난 엄청난 실패를 했어. 아니, 완벽한 실패라고 이야기하는 편이 더 어울리겠다. 영화 〈공기살인〉이 흥행에 참패했거든. 내가 글을 써오면서 처음으로 실패한 작품이야. 사람들은 코로나로 인해서 그렇다고들 해. 하지만 그건 핑계이자 위로일 뿐이야. 나도 잘 알아. 대중의 외면을 받았다는 걸. 나는 이번에도 영화를 통해 세상을 바꾸고 싶었어. 영화 〈소원〉이 아동성범죄 공소시효 폐지를 이끌었듯이, 〈공기살인〉으로 다시 한 번 기적을 바랐어. 가습기살균제 참사 기억해? 기업들이 만든 가습기살균제가 사람들의 폐를 돌덩이처럼 만들고 죽음에 이르게 했던 사건. 그 사건을 써 내려간 작품이 바로 〈공기살인〉이었어.

결과는 처참했어. 사실 처음부터 실패의 연속이긴 했어. 주인공을 하겠다는 주연배우들이 갑자기 출연하지 않겠다는 통보를 해 온 거야. 어떤 배우는 촬영 당일 잠적하기도 했지. 이유가 뭔지 알아? 가습기 살균제를 만든 곳이 대기업이기 때문이야. 배우들이 대기업을 공격하는 영화에 출연하면 어떻게 될까? 광고가 들어오지 않겠지? 그리고 가습기살균제를 만든 기업 광고를 출연 배우와 같은 소속사 배우가 하고 있는 경우도 있었어. 서로 간의 이해관계가 출연을 고사하게 했던 거야.

이번 실패는 나에게 많은 걸 일깨워 줬어. 그리고 두 번 다시 실패하지 않는 방법을 깨닫게 해 줬지. 다음 작품을 통해 나는 반드시 보여줄 거야. 너와 나의 거대한 힘이 대기업의 자본보다 더 위대하다는 사실을 기필코 증명할 거야.
뭘 깨달았느냐고? 다음 작품을 통해 보여줄게. 내가 이루고자 했던 기적을 어떻게 이뤄내는지!
그러니까 우리 실패 속에 무너지지 말자. 실패는 연습을 통해 완벽해질 수 있다는 걸 기억하자.

우리 약속할까?
실패에 멈춰있지 말고 악으로 입술 한 번 질끈 깨물고 죽어라 연습해 보기로. 실패가 익숙한 성공이 될 때까지!

    - 실패가 많기에 너와 함께 웃을 수 있는 친구 재원이가.

TO. 주위의 반대를 받고있는 나의 친구에게

모든 사람은 응원과 지지를 받기보단 반대에 부딪히는 일이 더 많아. 나도 물론 그래. 아마 지금도 너와 나를 반대하는 누군가가 있을 거야. 그걸 충고라는 고상한 단어로 포장하는 사람도 있겠지. 나는 사람들이 반대한다고 해서 네가 계획하거나 진행하는 일이 잘못된 건 아니라고 말해주고 싶어. 다수가 반대하게 되면 가끔 혼란스러울 때가 있거든. '내가 정말 잘못된 건가?'라는 의구심이 너의 계획과 일을 주저하거나 머뭇거리게 만들지.

'무쏘의 뿔처럼 혼자 가라.'라던 지 '모든 사람의 충고를 무시하고 너만의 의지로 걸어가라.' 같은 비현실적인 이야기가 아니야.

단지 어떤 사람도 네 인생을 너만큼 깊이 있게 바라보거나 아끼지 않는다는 걸 기억해. 그리고 네가 고민한 만큼 골똘히 생각하고 이야기하지 않는다는 것도. 이딴 뻔한 이야기는 살아오면서 귀에 굳은살이 박히도록 들어봤을 거야. 그래서 너에게 그저 그런 이야기를 하고 싶지 않아. 대신 날 반대했던 사람들을 무시해서 얻어진 결과들을 이야기해 보려 해.

혹시 난 반대가 없는 삶을 살았을 것 같아? 아마 너보다 훨씬 많았을걸? 그리고 나를 반대하는 사람들은 어설펐던 예전이나 능숙해진 지금이나 전혀 줄어들지 않았어. 오히려 더 늘어났지.

친구야! 내 첫 작품이 영화 〈비스티 보이즈〉 원작 소설인 건 알고 있지? 2008년 출판을 했었는데 혹시 그 작품이 어떻게 출판됐는지 알고 있어? 아마도 우리나라에서 출판된 소설 중 가장 많은 출판사에서 거절당했을 거야. 내 기억으로는 200군데가 넘는 출판사에서 거절했었으니까. 처음에는 대형 출판사에 당당히 문을 두드렸어. 하지만 단 며칠 만에 보기 좋게 거절당했지. 눈높이를 낮춰서 출판 제의를 해보기도 하고 아주 작은 출판사까지 직접 찾아가 봤지만, 어떤 곳도 출판 계약을 해주지 않았어.

유일하게 한 군데의 출판사에서 계약해 줬는데, 대부분 신인 작가에게 제시하는 평균 조건보다 턱없이 부족한 조건으로 계약해야 했어. 하지만 출판하자마자 영화로 만들어지며 어느 누구보다 화려하게 데뷔할 수 있었지.

아동성범죄 공소시효 폐지에 앞장섰던 〈소원〉이라는 작품 기억해? 〈소원〉은 내 작품 중 가장 많은 비판을 받은 작품이야. 평론가들 사이에선 이런 작품은 누구도 극장에서 보지 않는다는 비평이 지배적이었지. 영화가 개봉했을 때 다른 작품은 극장에서 700개의 스크린을 내줬는데 소원은 겨우 300개의 스크린만을 확보할 수 있었어. 하지만 기적이 일어났어. 다른 작품들의 점유율이 떨어지면서 〈소원〉이 점차 많은 스크린을 확보하게 된 거야. 영화판에서 수십 년을 굴러먹었다며 〈소원〉은 50만 관객도 들지 않을 거라고 장담했던 사람들은 300만 관객을 넘기자 어느새 내 눈앞에 나타나지 않더라.

그럼 700만 명의 선택을 받은 〈터널〉은 어땠을까?
〈터널〉은 내가 20대 초반에 처음 썼던 소설이었어. 하지만 대한민국에 존재하는 모든 출판사에서 거절했던 작품이었지. 그렇다고 포기할 수 없었어. 영화 〈비스티 보이즈〉와 소설 〈아비〉가 과분한 사랑을 받자 다시 한번 출판에 도전했어.

하지만 이번에도 수많은 반대에 부딪혔어. 어떤 출판사 대표는 〈터널〉을 읽자마자 전화까지 걸어왔어. 그리고 현란한 비판을 쏟아냈지. '이딴 소설을 읽는 데 시간을 소비했으니 자기가 돈을 받아야겠다.'라면서... 여기에서 그치지 않고 어떤 영화 제작자는 내가 보낸 원고를 라면 받침으로 쓰고 있다는 견딜 수 없는 비난까지 해왔지. 그때 난 사람들의 말처럼 '〈터널〉을 출판하면 안 되는 건가?'라는 질문을 던지기도 했어. 우여곡절 끝에 2013년이 되어서야 출판을 할 수 있었어. 솔직히 말하자면 〈터널〉을 출판한 출판사도 이 작품을 전혀 신뢰하지 않았어. 마음에 들지는 않지만, 흥행하는 작가의 작품이니 출판하자는 의견이 지배적이었지.

여기에서 멈춘다면 반대가 누구보다 많았다고 할 수 없겠지?

내 작품 중 가장 뛰어나다는 평가를 받는 소설 〈이야기〉 역시 출판사들이 거절했던 작품이야. 영화감독들이 소설의 완벽함을 영상으로 절대 표현할 수 없다며 극찬했던 작품이 바로 〈이야기〉였거든. 이런 작품을 출판사는 왜 거절했을까? 이유는 아주 단순했어. '너무 슬퍼서 사람들이 안 읽는다. 하루 종일 눈물만 쏟다가 끝나는 소설을 누가 읽느냐.'라는 이유였어. 나는 작가가 되고 흥행하는 작품들을 써왔으면서도 늘 반대에 부딪혀 왔던 거야.

드라마 〈이별이 떠났다〉는 어땠을까?
내 소설을 가지고 극본을 썼을 때 사람들의 의견은 절망적이었어. '재미가 없다.' '남자가 여자 드라마를 왜 쓰냐.' '영화와 소설만 써온 작가는 드라마와 같은 긴 호흡을 따라가지 못한다.' '이런 대본으로 캐스팅이나 되겠냐.' 등의 엄청난 반대 속에 방송국 대부분이 편성을 내주지 않았지. 하지만 또 그들이 틀렸어. 주인공을 하겠다며 누구나 알고 존경하는 배우들이 나를 찾아왔어. 드라마 순위는 2위를 기록했고 10%의 시청률을 가볍게 넘겼지. 소설이나 영화를 쓴 작가도 20부작이라는 긴 호흡을 쓰고, 남자가 여자 드라마를 쓸 수 있다는 것도 증명했어.

친구야! 난 여전히 수많은 반대에 부딪히며 살아가.
지금 너희에게 쓰는 이 편지도 엄청난 반대에 부딪혔었어. '요즘 세대는 이런 글 안 읽는다.' '짧은 글을 써야 한다.' '고민 없이 읽을 수 있는 글을 써라.' 등등등!

세상의 반대를 무조건 신뢰하지 말라는 말이 아니야. 단지 너의 신념이 무엇보다 중요하다는 걸 말해주고 싶어. 범죄가 아닌 이상 너의 신념이 나쁘거나 잘못된 건 아니거든. 타인의 충고 따위에 네가 정한 인생의 방향이 달라져서는 안 된다는 거야. 물론 나의 이런 이야기도 귀담아들을 필요 없어. 그저 '이런 삶을 살았던 사람도 있구나!'라는 생각 속에 네가 정한 신념과 철학, 목표에 도움이 된다면 충분하다고 생각해.

모든 인생은 반대에 부딪혀. 너를 칭찬하거나 네 길을 응원하는 사람은 드물어. 무조건 네가 추구하는 방향을 찬성하는 이는 더더욱 찾기 힘들지.

반대에 부딪혔을 때 방황하지 말라고 말해주고 싶어.
너는 틀리지 않았어. 다른 사람도 틀리지 않았고 우리 모두 틀리지 않았어. 그렇기에 네가 세운 목표와 꿈, 이상과 신념은 소중해.

난 언제나 널 존중할 거야. 처음과 같이 이제와 항상 영원히!

- 네가 가는 길에 서름이 되고 싶은 친구 재원이가!

TO. 감정을 숨기고 살아가는 나의 친구에게

울면 안 돼. 화내면 안 돼. 웃지 마. 그런 건 나중에 얘기해.
우리가 어렸을 때 많이 들었던 말 아닌가?
난 이런 말을 들을 때면 항상 묻고 싶었어.
슬픈데 왜 울면 안 돼요? 화가 나는데 왜 화내면 안 돼요? 웃고 싶은데 왜 웃으면 안 돼요? 나에겐 중요한 이야기인데 왜 지금 이야기하면 안 돼요?

우린 어렸을 때부터 감정을 숨기고 살아가는 방법을 강요받아 왔어. 그래서일까? 너 울고 싶을 때 마음껏 울어본 적 있어? 혼자 미친 듯이 웃어본 적은 언제야? 화내야 할 때 제대로 화내 본 적은? 네가 하고 싶은 이야기를 타인에게 마음껏 쏟아내 본 적 있어?

우린 언제부터 사람들에게 진실한 감정을 숨겨야만 했을까? 그래서일까? 우리 사이에 뭔가의 벽이 느껴지는 이유는.

울고 싶을 때 울었다면 위로해 줄 소중한 누군가를 찾을 수 있었을 거야. 화가 났을 때 화를 냈다면 상대는 자신의 잘못을 고쳤을 테지. 마음껏 웃을 수 있었다면 술을 먹어야만 기분이 업되는 특유의 버릇은 사라지지 않았을까? 서로 진실하게 터놓고 말할 방법을 모르는 우리가 정말 진실한 관계를 만들 수 있는 걸까?

우린 어느새 감정을 숨기는 삶이 당연한 듯 살고 있어. 가끔 마음속을 헤집고 들어오는 감정이 있을 때면 어찌 표현해야 하는지 모른 채 바보 같이 당황하면서.

친구야! 네 감정을 숨기지 마. 그것부터 시작해 보자.
울고 싶을 때 운다고 해서 부끄러운 거 아니잖아. 화낼 상황에 화낸다고 해서 예의 없는 거 아니잖아. 마음껏 웃는다고 해서 이상한 거 아니잖아. 하고 싶은 말 한다고 해서 싹수없는 행동 아니잖아.

친구야! 오늘 기분은 어때?

네 감정을 마음껏 표현할 수 있겠어?
누군가에게 느낀 섭섭함을 바로 말할 수 있어?

나는 못하겠더라. 너무 오래 가식적으로 살았나 봐.
작가가 된 나는, 나를 숨기고 살수 밖에 없었어. 사람들이 생각하는 내 이미지와 실제 성격은 정반대거든.
약자를 대변하는 작가. 이게 내 이름 앞에 붙는 수식어였어. 그래서 그런가 봐. 사람들은 내가 늘 진중하고 고뇌에 차 있으며 의식 있는 말만 한다고 생각해. 출판사나 제작사 사람들도 그랬어. 나를 보면 첫마디가 "생각했던 이미지가 아니시네요."였거든.

사실 난 굉장히 활발한 성격이야. 운동도 좋아하고 농담도 잘하는 가벼운 사람이지. 내 아들이 9살, 6살이거든? 근데 아이들이 5살 때부터 나와 대화가 되더라고. 좋아하는 것도 비슷하고 노는 것도 굉장히 잘 맞아. 결론은 내가 5세 정도의 수준이라는 거야. 단순하고 거짓말 못하고 재밌는 걸 좋아하는 지극히 평범한 사람이지. 하지만 사람들은 항상 똑같은 말을 해.

"작가님. 다른 사람들 앞에서 그러시면 안 돼요. 작품과 비슷하셔야 해요."

왜냐고?

그래야 대중은 내 책과 드라마, 영화를 본다는 거야. 작품은 진중한데 작가가 정반대의 이미지면 작품까지도 타격이 있다는 거지.

배우들 앞에서도 나를 숨겨야만 했어. 배우들은 작가의 대본이나 시나리오를 보며 캐릭터에 대한 질문을 자주 던져. 내가 배우에게 장난을 섞어 재밌게 설명하려 하면 사람들은 극구 반대해. 작가가 배우에게 가벼운 이미지를 보이면 작품을 쉽게 볼 수 있다는 거야. 그러니까 최대한 고민한 척 어렵게 설명해 달라고 부탁까지 해와. 그럼 나는 요구대로 고상한 화법에 어려운 단어를 섞어가며 대화를 하지. 인터뷰할 때나 방송에 나가서도 그래야 했어. 사람들은 내 작품을 닮은 묵직하고 어려운 질문만 해왔거든.

그런데 정말 이게 맞는 걸까?
나를 숨기고 철저하게 포장된 나를 보여주는 게 정말 옳은 걸까? 아니, 타인의 시선 따위 다 떠나서 나는 이렇게 살아가는 게 행복한가?

내가 나를 보여주지 못하는 삶을 살아가면 어느 순간 포장된 삶이 진짜 내가 되더라. 그 순간이 오면 나조차도 나를 잃어버리게 돼.

친구야! 넌 어때?
있는 그대로가 아닌 가면을 쓴 지금이 행복하니?

난 앞으론 표현하며 살아갈 거야. 이런 나를 있는 그대로 좋아하는 사람들과 함께 할 거야. 영원히 사는 인생도 아닌데 숨길 필요 없어. 지구별에는 수십억 명이나 살고 있어. 너 하나 있는 그대로 좋아해 줄 사람들이 넘치고 넘친다고. 하지만 우린 강요에 의해 점점 표현하는 방법을 까먹게 됐어. 슬프지만 그로 인해 유기된 인연들이 셀 수 없이 많기도 해. 표현이 부끄러운 시대를 살아가는 우리가 안타깝지 않아?

우리 서로를 숨기지 말자. 우리 서로를 믿자. 있는 그대로의 나를 사랑하고 좋아해 줄 우리라는 것을!

- 너에게 있는 그대로를 보여주고 싶은 재원이가.

TO. 두려움이 많은 나의 친구에게

결론부터 말할까? 세상에 용감한 사람은 한 사람도 없어. 그저 용감한 척하는 거지.
나도 그렇고 너도 그래. 우린 늘 두려움을 분신처럼 동행하며 사는 존재인 거야. 하지만 우린 두려움에 떨고 있는 사람들을 보며 강해지라고 말해. 단단해지고 일어서라며 응원이랍시고 떠들어대지. 내가 두렵다는데, 걸어갈 용기조차 없다는데 그걸 이겨내라고 말하는 사람들이 짜증 나지 않아? 안전장치 없는 번지점프대에서 뛰어내리는 것과 같은 이치라고 생각하지 않아?

내가 전에 했던 말 기억나? 제대로 된 임금을 달라고 했다가 얻어맞았다고. 이 이야기를 들은 몇몇 사람은 왜 맞서 싸우지 못

했냐며 오히려 나를 꾸짖더라. 그때의 나는 가게 주인이 절대자와 같은 존재로 느껴졌는데 말이지. 그냥 토닥여 주고 두려워하는 나를 이해해 주면 안 되는 건가? 굳이 너 같은 사람들 때문에 악인이 더 설치고 다닌다는 충고를 해야 하는 건가? 저항하지 못하는 약함이 욕을 먹어야 하는 건가? 나에게 충고한 아무개도 결국 경찰이나 노동청, 법이라는 보호가 있기에 용기 낼 수 있는 거잖아. 아무런 보호 장치도 없는데 자신보다 월등히 강한 자에게 대항할 사람이 과연 얼마나 될까?

친구야! 용감해지려고 노력하지 말자. 당장 앞에 있는 무언가가 두렵다면 피해가는 것도 방법이잖아. 두려움을 극복하기 위해 시간과 에너지를 쏟을 필요 없어. 누구나 트라우마를 간직하고 있지만 이겨내지 않아도 잘 사는 것처럼 말이야.
세상 사람들은 전부 두려움을 안고 살아가. 아무도 부인하지 못할 거야. 난 흔한 두려움을 물리치기 위해 발악하기보단, 새로운 도전을 준비하며 즐거워할 거야.
우리의 시간은 영원하지 않아. 고통을 이기기 위한 투쟁으로 시간을 허비하긴 싫어. 차라리 우리가 이루고픈 것들을 위해 시간을 쓰는 편이 더 현명하지 않을까?

나에게 여전히 두려움으로 남아있는 사람들을 찾아가 용감하게 맞서고 사과받는 일이 과연 현명한 시간 사용법일까? 그럴 시간에 나는 너와 내가 공감하고 함께 걸어갈 수 있는 편지를 쓸 거야. 새롭게 써야 하는 신작 소설과 드라마에 대한 고민도 깊이 가져볼 거고.

잘 생각해 봐. 두려움으로 남은 일이나 사람이 네 인생에 엄청난 변화를 불러오지 않아. 어떤 두려움도 마찬가지야. 피해가면 그만이라고. 굳이 용기를 내서 해결하고 바꾸지 않아도 네 인생은 변질되지 않는다고.

내가 맞서지 않으면 사회나 여러 모순이 바뀌지 않는다고? 그렇다고 해서 임금을 제대로 주지 않은 이들을 직접 찾아가 벌을 내리고 응징해야 돼? 아니. 그들을 만나기도 싫어. 그날의 기억이 치 떨리게 두렵거든. 만약 꼭 해야 한다면 나는 변호사를 쓰겠지. 내가 부딪혀서 해결하지 않아도 해결할 방법은 얼마든지 있어.

두려움을 이기기 위해 네가 나설 필요는 없단 말이야. 우리 곁에는 수많은 인연이 존재해. 너의 두려움에 최적화된 사람에게 도움을 구하면 그만이라고. 나 또한 그런 존재 중 하나잖아.

난 아동성범죄 공소시효를 폐지하는 데 앞장섰어. 나와 같은 약자인 아이들과 사람들을 대변하고 싶었고, 내가 가장 잘할 수 있는 일이었거든. 가습기살균제를 만든 대기업과도 전쟁 중이지만 별로 무섭지 않아. 제대로 싸워보자는 투지만 가득하지.

각자 용기를 낼 수 있는 분야가 존재하는 거야. 그러니까 두려움에 잠식됐다고 힘들어하지 마. 네가 가진 두려움을 가볍게 생각하고 우습게 여기는 인연은 존재하니까. 반대로 네겐 쉽고 별거 아닌 일이 누군가에게는 감당하지 못할 두려움일 수도 있어. 쉽게 설명하자면 바퀴벌레를 무서워하는 사람이 있지만 대수롭지 않게 생각하는 사람도 있는 것처럼 말이야.

이제 무슨 생각을 해야 할지 알겠어?

굳이 두려움과 싸우기 위해 용기 낼 생각하지 말고 널 도와줄 용자를 찾고 도움을 청해 봐. 자세히, 곰곰이 떠올려 보면 반드시 주위에 한 사람쯤은 네 두려움을 물리칠 전투력을 가지고 있을 거야.

친구야! 적어도 너와 나는 그렇게 걸어가자. 용기를 내고 강해지라고 말하기보단 너의 두려움을 이겨내 줄 사람이 누가 있을

지 함께 고민하는 사이가 되자.

- 여전히 두려움이 많은 너의 친구 재원이가.

TO. 항상 부족하다고 여기는 나의 친구에게

어린 시절을 떠올려 보자.
우리는 시험 성적을 90점을 받아와도 '다음엔 100점 받을 수 있겠다. 더 노력하자.'라는 말을 듣고 살아왔어. 90점도 충분히 잘한 건데 말이지. 단 한 번도 '90점이나 받았네? 와! 잘했다!'라는 말로 끝나는 법이 없었어. 언제나 칭찬 뒤에는 기대감 가득한 말이 따라왔으니까.

항상 그랬어. 우린 좋은 대학교나 직장에 들어갔어도 기쁨보단 아쉬움을 남겼지. 조금만 더 잘했으면 더 나은 대학이나 직장에 들어갔을 거라는 후회는 만족의 잔류를 허락하지 않았어.

내가 비밀 하나 말해줄까?

난 작가가 되고 나서 단 한 번도 1등을 한 적이 없어. 사람들은 내가 1등을 해봤다고 알고 있지만, 아니야.

첫 데뷔작인 영화 〈비스티 보이즈〉 원작 소설은 베스트셀러 17위를 했었고 얼마 못 가 순위에서 밀려났어. 영화는 어땠을까? 당시 〈아이언맨〉의 개봉으로 45만 관객을 끝으로 쓸쓸히 퇴장했어. 사람들은 〈비스티 보이즈〉란 영화가 개봉했는지도 모르는 경우가 많았어.

그렇다면 영화 〈소원〉은 어땠을까?
내 기억으로는 동시 개봉했던 작품 중 2등을 했었던 것 같아.

영화 〈터널〉은?
역시 〈부산행〉이라는 거대한 작품의 흥행으로 2등을 했지.

사람들이 가장 좋아해 준 소설 〈이야기〉라는 작품은?
베스트셀러 3위에 그쳤어.

드라마 〈이별이 떠났다〉 역시 〈미스터 션샤인〉이라는 작품에 밀려 2위를 기록했지.

물론 나도 1등을 향해 열심히 달렸어. 너와 같이 90점을 받으면 칭찬보단 100점을 향한 기대를 듣고 자랐으니까.

나는 늘 패배자라 생각했어. 1등을 하지 못하는 현실이 비참하기도 했지. 항상 다음 작품은 1등을 하겠다는 다짐 속에 죽어라 노력했지만, 아쉽게도 1등이란 행운은 허락되지 않더라.

그러던 어느 날이었어. 우연히 영화관이 있는 대형 쇼핑몰을 찾았어. 내 작품이 여전히 2위에 머물러 있는 것에 실망하며 돌아서려 했어. 그때 한 사람이 한참 동안 상영관도 몇 개 없는 영화 팜플릿을 보며 웃는 거야. 차림새가 독특해서 유심히 봤는데 단번에 팜플릿 속 '영화' 감독이라는 걸 알 수 있었어. 내 경쟁작들을 검색했었거든. 이번에는 반드시 1등을 해야 한다는 욕망이 같은 시기 개봉하는 모든 영화정보를 찾아보게 했지. 그때 봤던 영화감독이었어. 대형 영화가 아니라 스크린 수 확보가 어렵겠다고 생각한 작품이었지. 근데 2등을 한 나와 하루에 2회만 상영하는 '영화' 감독의 표정은 확연히 달랐어. 난 세상 다 가진 얼굴로 웃고 있는 감독에게 말을 걸었어.

"저. 전 소재원 작가라고 하는데요."

감독이 날 알아보고 허리를 굽혔어. 나도 고개를 숙이며 말했어.
"감독님 뭐가 그리 좋으신지 궁금해서요."
무시의 말투가 아니었어. 진짜 궁금해서 애절한 눈으로 물었어. 내 진심을 읽은 감독이 웃으며 말했어.
"그래도 걸려 있잖아요. 그저 감사하죠. 작가님은 워낙 잘되셔서 모르실 거예요."
"아니요. 저 이번에도 1등 못 했어요."
"1등이 있으니까 2등도 있죠. 2등이 있으니까 3등도 있고 3등이 있으니까 저 같은 감독들도 있는 거죠."

난 감독의 말이 이해되지 않았어. '1등의 희생양이 내 작품이라는 건가?'라는 소리로 들려왔는데 감독의 얼굴은 엄청 온화하고 부드러웠거든. 내가 잘못 해석했다는 것을 쉽게 느낄 수 있었어. 나는 가만히 감독의 다음 말을 기다렸어.

"꼴찌라노 상영관에 걸렸잖아요. 그리고 1등이 있고 작가님같이 2등도 있기에 제 작품도 상영관에서 관객을 만날 수 있는 거고요. 잘 된 작품 보러 왔다가 매진돼서 제 작품 보는 사람들도 꽤 있거든요."

"만족하세요? 정말요?"
"네. 충분히요."
네게 욕을 먹더라도 양심껏 말할게. 난 감독이 열정과 노력이 없다고 평가했어. 상영관에 걸렸다는 이유만으로 만족한다는 감독이 아마추어 같이 느껴지기도 했지. 이 생각은 아주 오랫동안 나를 이끌어 왔어.

영화 〈터널〉은 끝내 2등으로 막을 내렸어. 그 뒤로 나는 〈이별이 떠났다〉라는 드라마를 준비하기 시작했지. 1등을 할 수 있다는 희망으로 혼신의 힘을 다해 집필했어. 하지만 이번에도 〈미스터 션샤인〉에 밀려 2등에 머물러야 했어. 드라마가 종방하는 순간까지 단.한.번.도 1등을 하지 못했어. 여전히 2등에 머무른 채 마지막 회를 쓰는데 엄청 비참하더라.

그렇게 시간이 흘러 코로나가 터졌어. 영세 자영업자들은 힘겹게 하루하루 버텨갔지. 자영업 중에서도 음식점은 아주 타격이 컸어. 하루가 멀다 하고 음식점 폐업 기사가 많이 본 뉴스 상위권을 차지했어. 근데 사람들의 댓글이 참 잔인한 거야. 맛집이 아니니까 망하지. 맛집 가면 코로나인데도 장사만 잘 되더라. 얼마나 음식을 못 하면 망하냐. 등등의 글들이 달리는데 화가 치밀어 오르더라고. 난 그런 댓글들 하나하나에 답글을 달았어.

- 1등만 살아남는 세상이라면 당신은 벌써 회사에서 해고당하고 백수가 됐을 것 같은데요? 당신은 당신 분야에서 1등입니까? 아니잖아요. 그럼 회사에서 당신을 쫓아내도 당연한 거네요. 안 그래요?

이 비슷한 글들을 수십 군데 달고 있는데 문득 영화관에서 만난 감독이 떠올랐어. 그리고 이제야 감독의 말을 이해할 수 있었어. 세상은 1등이 아닌 사람들도 살아갈 가치를 품어야 했던 거야. 그리고 이미 그런 세상을 살아가고 있었지만, 난 어리석게도 느끼지 못했던 거고. 나는 1등이 아니더라도 기회가 주어지는 세상에 대한 감사보단, 욕망만을 쫓고 있었던 거지.

내가 놓친 건 그뿐만이 아니었어. 등수에 집착한 나머지 내 영화를 사랑해 준 신앙과도 같은 대중을 무시하고 있었던 거야.

열변을 토해내려고 쓰던 댓글을 통해 비로소 알게 됐어. 1등이 아니어도 된다는 걸. 1등만이 살아가고 인정받는 세상은 차갑고 가치 없는 세상이라는 걸. 그래서 난 맛집이 아니라 망했다는 댓글에 분노했었다는 걸. 등수에 상관없이 모든 삶의 노력은 가치 있다는 걸.

나는 만족하는 방법을 너무 늦게 깨달은 거야. 돌아보니 지난 시간도 충분히 찬란한 삶이었어. 대중의 과분한 사랑 속에 꾸준히 소중한 작품을 집필할 수 있었으니까. 1등에 집착한 나 스스로가 아름다운 지난날을 초라하게 만들었을 뿐!

다시 시간이 흘렀어. 그리고 내가 쓴 〈공기살인〉이 개봉했지. 〈공기살인〉은 동시 개봉했던 영화 중 3위를 기록했어. 넷플릭스에 가서도 7위에 머물렀지. 아마 내 작품 중 가장 적은 관객이 들었을 거야. 그래도 만족스러웠어. 기회가 주어졌고 만들어졌으며 관객들을 만났으니까.

친구야! 넌 어때? 너도 나와 같지 않니? 지금의 삶이 만족스럽지 않니? 우리 그동안 배워온 못된 습관을 버려보자. 기대보단 지금에 만족하는 방법을 찾아보자.

네 삶은 그리 초라하지 않아. 나도 그렇고 우리 모두 그래. 우리의 기대가 현재를 볼품없게 만들 뿐이야.

기대를 버리자. 그리고 우리 하루하루 만족 속에 살아 보자. 그

만족이 가져다줄 보람과 감사를 느껴보자.

이 글을 읽는 네가 부디 만족할 수 있기를!

 - 오늘도 너와의 대화에 감사한 친구 재원이가.

TO. 행복을 잘 모르고 있는 나의 친구에게

친구야! 넌 행복이 뭐라고 생각해?

난 한때 부자가 되는 것이 행복이라고 생각했어. 우리 집은 너무 가난했었거든. 그리고 엄마가 집을 나갔을 땐 유명해져서 작가가 되는 것이 행복이라고 생각했어. 내가 유명해지면 엄마가 다시 돌아와 함께 살 거라고 믿었으니까.
결국 성공이 행복이라고 생각한 거야. 그렇게 26년을 살아왔어. 단 하루도 게으름 피우지 않고 열심히 성공을 위해 달려왔어. 덕분에 남들보다 이른 나이인 26살에 작가가 될 수 있었지. 자연스럽게 예전보다 넉넉한 생활을 할 수 있었고 방송국에서 엄마를 찾아주겠다고 연락까지 왔어. 이제 내가 행복할 순간만이 기다리고 있었던 거야.

어디서부터 잘못된 걸까?

엄마를 찾았지만 공허했어. 서로 멀어진 시간 속에 공감이나 추억은 퇴색돼 버렸어. 어느새 잊고 있던 기억들이 떠올랐어. 녹색 도끼빗. 어린 시절 엄마는 자주 나를 때렸는데, 그때마다 녹색 도끼빗을 사용했거든. 그래서 난 한 여름에도 타이즈를 신고 유치원에 갔던 날이 종종 있었어. 그뿐이 아니었어. 내가 6살 때였어. 잡화점에서 아톰이 새겨진 벨트를 사달라고 졸랐다가 집에 와서 죽지 않을 만큼 맞았어. 내가 사 온 아톰 벨트로 말이지. 기절할 때까지 맞아서 움직일 힘조차 없는데, 버클에 그려진 아톰을 보며 웃었던 기억이 나.

내 상처를 조금만 더 말해볼까? 내가 어떤 이야기를 하려는지 알기 위해선 설명이 필요할 것 같거든. 정말 꺼내기 힘들고 아픈 기억이지만 말해볼게.

엄마는 바람을 폈어. 총 두 번이었던 걸로 기억해. 아니, 걸린 것만 두 번인가? 그래서 도망친 거야. 우리에게서. 그것도 내가 알고 있던 아저씨와 바람이 났었어. 얼마나 충격을 받았던지 상상도 못 할 거야.

요즘은 가스라이팅이라고 하지? 당시에는 그런 단어가 없어서 몰랐는데 생각해 보면 난 엄마를 사랑해야 한다는 가스라이팅을 당했던 것 같아. 엄마가 떠났을 때 어린 소재원은 증오보단 그리움이 훨씬 견디기 수월하다고 판단했겠지.

나는 지금까지 엄마를 만나기 위해 살아왔는데 막상 겪고 나니 악몽이더라고. 만약 나를 학대하거나 바람난 엄마가 아닌, 그리움만으로 엄마를 찾았다 해도 그게 내 행복은 아니었을 거야. 그 뒤로 성공과 행복이 다른 의미라는 결론에 도달하기까지 그리 오래 걸리지 않았어.

여유로운 생활도 행복이 아니더라. 가난 때문에 엄마가 떠났다고 생각했을 땐 돈에 집착했었어. 하지만 엄마를 포기하니 넓은 집이나 통장이 그리 중요하지 않더라고.

나는 행복을 찾아보기 시작했어. 처음으로 성공 아닌 진짜 행복이 무엇인지 고민해 본 순간이었던 것 같아.

그렇게 3년이 지나가던 어느 날이었어. 내가 〈소원〉을 썼을 때야. 〈소원〉이 출판되고 나서 영화까지 확정이 됐어. 사람들은 나에게 조금 과한 요구를 해왔어. 바로 아동성범죄자들을 엄벌

하기 위한 행동이었어. 솔직히 '난 작품으로 이야기하는 작가인데 왜 행동까지 바라지? 그건 사회활동가의 몫이 아니던가?'라는 불평을 했어. 하지만 나는 내 작품 뒤에 새겨진 판매 금액 속에 독자와 관객의 의견수용 비용도 포함된다고 생각했거든. 불만을 가득 안고 처음으로 아동성범죄 공소시효 폐지를 위한 행동을 하게 됐어. 초록우산 어린이재단과 함께 [아동성범죄 공소시효 폐지] 서명을 받으러 다니기 시작했지. 사람들의 서명을 받을 수 있는 곳이라면 어디든 찾아가서 행사를 열고 강연도 했어.

그때 알 수 없는 심장의 쿵쾅거림이 날 찾아왔어. 아침이면 사람들 앞에서 강연을 하고 서명을 받을 생각에 설레기까지 했어. 어느새 하루 종일 웃고 있는 나를 발견했지.

순간 깨달았어. 나의 행복이 무엇인지 말이야.
돌아보니 행복은 항상 내게 속삭이고 있었어.
중국집 사장에게 얻어맞아 손을 꿰맸을 때도, 편의점 사장에게 맞고 방에서 쫓겨났던 때도, 내가 간절히 바라는 행복이라는 녀석은 언제나 내 곁을 맴돌고 있었어. 난 나와 같은 사람들을 대변하고 싶었던 거야. 나와 같은 불행을 친구들이 겪지 않았으면 하는 바람과 현실이 내 행복이었어. 행복을 찾으니 삶은 변하기 시작했어. 이루고 싶은 것들이 생기고 뿌연 안개가 흐릿하게 만들었던 목적지가 눈에 들어왔어. 목적을 향해 정신없이 달리면서도 지치지 않았어. 가쁜 숨마저 행복했으니까.

그 뒤로 나는 여러 사람과 함께 13세 미만 아동성범죄 공소시효 폐지를 이룰 수 있었어. 그때의 감격을 어떻게 표현해야 할까? 아동성범죄 공소시효 폐지가 이뤄지던 날, 입은 웃고 있는 가운데 눈물을 펑펑 쏟아냈어. 행복했어. 태어나서 처음으로 전율을 느꼈고 내가 소중한 사람이라는 걸 느낄 수 있었어.

내 행복을 대중이라는 거대한 신앙이 알려준 거야. 그 뒤로 난 가습기살균제 참사 피해자들과 불매운동을 벌이기도 하고, 위안부 어르신들을 위한 작품도 집필했어. 장애인 친구들의 웨딩사진을 찍어주기도 하고, 불우한 청소년들에게 특별한 생일파티를 열어 주기도 했지.

친구야! 너와 같은 대중이 나에게 행복이란 무엇인지 알려준 거야. 나의 스승이자 귀하디 귀한 분들이 바로 너라는 거야.
그래서 나도 너에게 행복이 뭔지 알려주고 싶어.

성공과 행복이 반드시 비례하는 건 아니야. 물론 성공과 행복을

떠올릴 때 같은 단어가 떠오르는 사람도 있을 거야. 하지만 그런 사람은 흔하지 않아

꿈을 이뤘다고 행복한 것도 아니야. 잘 생각해 봐. 유명한 가수나 사업가들이 꿈과 부를 이루고 사회적으로 성공했다고 해서 모두가 행복하게 사는 건 아니잖아. 공황장애를 앓고, 마약을 찾게 되고, 우울증에 빠지며, 자살까지 하는 사람들을 너도 봐왔잖아.

행복하다면 과연 그럴 수 있을까?

그래서 나는 네가 성공과 꿈을 향해 달려가기 전, 먼저 너의 행복을 찾아봤으면 해. 내가 가장 억울했던 순간 중 하나가 행복보다 성공을 위해 달려왔다는 거니까. 나에게 글이란 행복을 위한 수단일 뿐이야. 난 누군가를 돕고 함께 하기 위해 글을 써야만 해. 그게 바로 내가 글을 쓰는 이유야. 작가라는 직업은 주위 약자들을 대변하기 위한 도구라는 거야.

너도 그랬으면 좋겠어. 성공을 위해 달려가지 말고 너의 행복을 위해 꿈이나 성공을 하나의 수단이나 도구로 사용해 보는 건 어때? 행복을 떠올릴 때 생각나는 단어가 꿈과 성공을 떠올릴 때

생각나는 단어와 일치하면 더할 나위 없이 좋겠지만, 그게 아니라면 너의 행복을 위해 꿈과 성공을 이용해 보는 것도 괜찮은 방법이지 않을까?

옛말에 인생엔 세 번의 기회가 온다고 하잖아. 그 세 번의 기회를 행복, 꿈, 성공에 쓰길 바랄게. 다른 것들에 그 기회를 써봤자 우리 인생에 엄청난 기쁨이 찾아오진 않으니까.

근데 그거 아니?
내가 최근에 느낀 건데 말이야.
사랑하는 것들과 행복의 단어가 일치할 때, 세상 자체가 달라지는 기적이 찾아온다는 거!
요즘 내가 그렇거든.
사랑하는 것들과 행복의 단어가 정확하게 일치하는 순간들을 맞이하고 있거든!

친구야! 네 행복이 사랑하는 모든 것들에 스며들길! 그래서 늘 웃음만이 동행하는 너만의 세상을 살아가길!

    - 네가 진정으로 행복하길 바라는 친구 재원이가.

TO. 열등감이 크고 자존감이 낮은 나의 친구에게

누구보다 열등감이 크고 자존감이 낮은 사람이 바로 나였을 거야.

가난했고, 항상 냄새나는 더러운 옷을 입고 다녔었잖아. 그런 나를 좋아하는 사람은 아무도 없었지. 자연스럽게 자존감은 바닥을 기어 다니고 열등감은 극에 달하는 최적의 조건을 가지고 살아갔어. 내가 전에 말했었잖아. 1등이 되기 위해 죽어라 열심히 살았다고. 그 또한 열등감과 낮은 자존감이 만들어 낸 열정이었어.

사람들은 누구나 열등감을 가지고 살아가. 누군가를 보면 닮고 싶고 따라 하고 싶은 욕구도 열등감에서 비롯되는 거니까. 열등감이 있으면 당연히 자존감도 떨어지는데 우린 그 자존감을 높이기 위해 명품이란 사치품으로 과시하기도 하지. 사람이라면 누구나 겪는 일이기에 너무 깊은 고민은 하지 마. 기쁨과 슬픔 같이 필연적으로 찾아오는 흔한 감정일 뿐이니까.

다만 열등감과 낮아진 자존감을 어떻게 컨트롤하느냐가 문제라고 생각해. 나와 같이 열등감을 준 사람을 이겨서 자존감을 회복하려는 사람이 있는 반면, 사치와 한탄으로 해소하려는 사람도 있거든.

넌 어때? 혹시 한탄이나 뒷담화로 풀어내고 있니? 그런다고 달라지는 게 있을까? 자존감이 올라갈 수 있을까? 우리 지금까지 경험해서 잘 알고 있잖아. 그럴수록 낮아진 자존감은 나 대신 내세울 만한 사치스럽고 화려한 것에 집착하게 된다는 걸. 외모에 대한 열등감이 성형외과를 찾게 만드는 것과 같은 상황이 끝도 없이 이어진다는 걸.

친구야! 혹시 누군가에 비해 네가 초라하게 느껴져? 능력이든 외모든? 나도 그래. 극복하고 이겨내도 또 다른 누군가와 비교하고 있는 나를 발견하게 돼.

우린 어쩔 수 없이 모난 존재이기 때문이야. 신이라고 불리는 예수나 부처도 화를 내고 분노했으며 미워했는데 사람인 우리가 열등감 하나 추가 한다고 해서 크게 이상한 건 아니야. 하지만 열등감의 해소 방식에 대해서는 한 번쯤 고민하고 돌아볼 필요는 있어. 열등감으로 낮아진 자존감을 높이기 위해 언제까지 과시라는 방법을 선택할 거지?
명품이나 의술, 화려한 것들에 의존할수록 스스로 보잘것없는 존재라는 걸 인정하는 꼴이 돼. 당장은 사람들에게 좋은 말을 듣고 과시할 수 있겠지만 우리의 내면은 조금씩 썩어 들어가. 내가 다른 편지에서 말했듯이 감정에 솔직해지지 못하게 되고 더 많은 갈증을 느끼게 된다는 거야. 마치 바닷물을 마신 사람처럼. 그 결과는 뻔하지 않을까?

내가 열등감을 이기기 위해 별별 방법을 다 사용해 봤거든? 근데 열등감을 이길 수 있는 유일한 돌파구는 딱 두 가지더라고. 바로 노력과 인정.

삶은 노력을 했을 때 비로소 뭔가를 이기고 얻을 수 있어. 이 진리는 절대 변하지 않아. 그런데 노력한다고 해서 반드시 이기거나 얻을 수 있는 것도 아니야. 경험한 바로는 5대 5의 확률 정도 되는 것 같아. 죽어라 노력해도 50%의 확률로 얻거나 이길 수 있다는 말이야.

노력하는 대로 전부 이기거나 얻을 수 있다면 좋겠지만 그게 안 될 땐 과감하게 인정해야 해. 포기하는 것도 아주 현명한 방법이라는 거야. 살아가면서 집착이란 감정만큼 쓸모없는 감정도 없는 거 같아. 그러니까 이길 수 없거나 얻을 수 없는 건 시원하게 포기해 버리자. 내가 말했었지? 만족하는 방법을 배워야 한다고.

그냥 노력했다는 것에 만족하는 거야. 그리고 절대 얻을 수 없고 이길 수 없는 것도 있다는 걸 인정하는 거지.

사람은 누구에게나 한계가 있어. 우리가 올림픽 금메달리스트 육상선수와 대결한다고 이길 수 있을까? 100년을 노력해도 이길 수 없다는 거 잘 알잖아. 그 사람은 우리와 유전자가 다르다고. 그런 사람들은 어디에도 존재해. 반대로 육상선수가 게임을 너보다 잘할 확률은 얼마나 될까? 아니면 네가 지금 하고 있는 일을 잘할 확률은? 아마도 체육 이외의 모든 것들과 비교했을 때는 비등하거나 네가 월등히, 혹은 조금 앞설 수 있는 확률이 더 커.

어느 누구도 완벽하지 않아. 잘하는 게 있으면 못 하는 게 존재하지. 육상선수도 누군가에게 열등감을 느끼며 살아갈 거야. 그로 인해 자존감이 낮아지기도 하겠지. 하지만 육상선수는 자신이 잘하는 분야에서 낮아진 자존감을 회복시키며 살아갈 거야. 타인보다 열등한 분야를 반드시 넘어서겠다는 노력보다 자신이 잘할 수 있는 달리기에 더 많은 노력을 기울이겠지. 그랬기 때문에 금메달을 딸 수 있었던 거야. 재능만으로는 절대 가질 수 없는 자리니까.

혹시 아무리 노력해도 열등감을 느낀 존재를 넘어서지 못할 것 같다면, 노력하기 전에 단념하는 것도 현명한 선택이라고 말해주고 싶어. 차라리 네가 잘하는 분야에서 미친 듯이 노력해 봐. 그래서 얻어지는 결과로 자존감을 높이는 편이 훨씬 빠른 길일 수 있어. 그리고 반드시 명심해. 네가 타인에게 열등감을 느끼듯, 세상 누군가는 너에게 열등감을 느끼고 있다는 걸. 네겐 쉽고 아무렇지 않은 일들이 누군가에게는 고난과 시련의 영역일 수 있어.

나도 그래. 글쓰기로 1등을 할 순 없지만 다른 재능이 있어. 바로 약자들을 대변하는 일! 넌 내가 아동성범죄 공소시효 폐지만 했을 거라고 생각해? 아동성범죄 피해 아이들을 위한 심리치료기관인 해바라기 센터 확충도 함께했어. 뿐만일까?

위안부 피해자들의 아픔을 담은 소설 〈이야기〉는 피해자 어르신께서 꼭 써 달라고 부탁하신 작품이야. 그리고 어르신의 본명을 주인공 이름으로 써달라고 요청해 주시기도 했지.

난 약자와 함께 걸어가는 행복을 알고, 그 행복을 지키는 방법을 어느 작가보다 잘 알고 있어. 다른 작가들이었다면 과연 가능했던 일일까? 나보다 글은 더 잘 쓸지언정 행동은 내가 더 잘한다는 걸 많은 작가가 인정해 주고 있어. 그리고 나보다 필력 좋은 작가들이 글로써 세상을 바꾸고 사람들과 함께 걸어가길 소망하지만, 안타깝게도 그들에겐 내가 잘하는 일이 아주 어려운 과제이기도 해.

그러니 친구야!
우리 열등감으로 긴 시간을 허비하진 말자. 자존감을 높일 방법은 많아. 그 방법이 네가 재능이 있고 잘하는 분야라면 조금의 노력으로도 멋진 결과를 얻어낼 수 있을 거야. 조금 전에 내가 노력한다고 해서 얻어지는 건 겨우 5대 5 정도라고 했었잖아? 근데 네가 잘하는 분야에서 노력한다면 그 확률은 어마어마하게 올라가. 그 정도는 너도 알고 있지 않아?

우리는 우리가 잘하는 것들로 열심히 살아가면 그만이야.

친구야!
오늘부터 우리 열등감으로 힘들어하지 말기!
믿을게! 네가 날 믿고 있듯이!

- 10년 이상을 열등감 속에 괴롭다가 탈출구를 찾아낸 친구 재원이가.

TO. 사랑에 힘들어 하는 나의 친구에게

난 사랑이 뭔지 잘 몰라. 하지만 우리 아버지 이야기를 통해 사랑에 대해 말해보려 해. 이 이야기가 힘들어하는 너에게 위로가 되길 간절히 바란다.

우리 아빠 이야기 잘 알지? 내가 13살 때 엄마가 바람나서 도망갔고 결국 이혼을 했어. 군더더기 없이 깔끔한 합의 이혼이었어. 당시 우리에겐 전 재산이었던 천만 원인가, 이천만 원을 엄마에게 줬던 걸로 기억해. 양육권? 그런 복잡한 협의도 필요 없었어. 모든 권리를 포기한 엄마는 어떤 작별 인사도 없이 내가 할머니 집에 가 있을 때 연기처럼 사라졌으니까. 아빠가 나를 데리러 왔을 때 "엄마는?"이라고 물었던 기억이 나. 아빤 아무 말도 하지 않고 눈물만 흘렸었지.

아빠는 엄마가 짐을 싸서 나가는 순간 마지막으로 말했대.
"만약 다시 돌아오고 싶은데 민망하거나 미안해서 돌아오지 못한다면 먼발치에서 우리 집을 바라봐 줬으면 좋겠어. 내가 멋진 집을 지을 거거든. 그때 대문이 만들어져 있으면 내 마음이 닫힌 거고 대문이 만들어져 있지 않으면 여전히 당신을 기다리는 거야."
29년이 지난 지금. 과연 아빠는 대문을 만들었을까?
아니, 여전히 아빠는 대문을 만들지 않았어.

내가 엄마를 찾았을 때, 엄마는 이미 다른 남자와 함께 살고 있었어. 난 아빠에게 엄마는 돌아오지 않을 거라며 대문을 만들자고 말했어. 아빠는 고개를 절레절레 흔들었지.
"재원아. 우리 땐 순정이 있었단다."

순정. 뭔가 촌스러운 단어였어. 더 이상 아빠에게 강요하지 않았어. 순정이 뭔지는 잘 모르겠지만 순수한 감정이라는 건 느낄 수 있었으니까.

돌아오지 않는 사람을 기다리는 일, 함께 살아온 시간보다 더 긴 시간을 그리워한다는 게 얼마나 힘겨운 일인지 나이가 들면서 깨달을 수 있었어.

'일말의 희망도 없는 사랑을 홀로 지켜가는 게 가능할까?'라는 의문은 우리 아빠를 보며 답을 얻을 수 있었지.

아빠에게 엄마는,
세상의 모든 환희를 가져다준 사람이었을 거야.
죽어도 잊지 못할 기억을 남겨줬을 테지. 그리고 매일 밤 그리움이 찾아와 적막한 새벽녘까지 머리와 가슴을 헤집어 놓고는, 아침이 되면 아무렇지 않게 떠나는 반복된 하루를 맞이했을 거야. 눈물로 밤을 지새운 아빠는 애써 덤덤하게 아침을 차리고 우리를 깨웠을 테지.

가끔 원망도 했겠지. 왜 하필 당신을 사랑해서 이렇게 살아야 하냐고, 못내 터진 울음을 서럽게 토해냈을 거야. 하지만 이내 가슴속 깊숙이 서러움을 밀어 넣고 대문 없는 밖을 내다봤을 거야.

친구야! 너에게 묻고 싶어.
넌 사랑이 뭐라고 생각해?
잘 모르겠어? 나도 그래. 많은 걸 느끼고 받아들였으며 경험하고 익숙해졌지만, 사랑만큼은 찾아올 때마다 생소하고 낯설어. 그렇다면 정의를 내릴 수 없는 사랑 때문에 고민하지 말고 네게 닥친 사랑의 현재를 체크해 볼까? 다툼을 예로 말이야.
분명히 어떤 문제로 다툰다는 건 옆에 있기에 가능한 일이겠지? 문자로 싸우더라도 금방 답장이 전해지겠지? 전화로 큰소리를 내더라도 전화를 받아주기에 할 수 있는 싸움이잖아? 할퀴고 물어뜯으며 죽기 살기로 싸우지만, 어찌 됐든 둘이기에 가능한 거잖아.

이제 알겠니? 그래도 네 옆에 남아 있잖아.
지긋지긋 한 싸움의 반복이지만 곁에서 널 상대해 주잖아.
누군가는 혼자 원망하고 미워하고 사랑하는 미친 짓을 반복하며 사랑하잖아.

친구야.
사랑이 뭔지 잘 모르는 우리지만 한 가지는 분명히 기억하자.
사랑하는 사람이 옆에 있다는 것! 그것만으로도 충분히 괜찮은 사랑을 이어가고 있다는 거!

다른 거 필요 없어.
곁에 있다는 게 가장 중요해!

- 누군가 곁에 있다는 것만으로도 충분한 친구 재원이가.

TO. 미래가 보이지 않는다는 나의 친구에게

불안이 찾아왔니?
미래가 전혀 보이지 않는 절망이 계속 너를 방해해?

내가 노숙하던 시절 그랬어.
당장 내일이 보이지 않는 절망뿐이더라고. 200만 원을 사기당하고 어떻게 해야 할지 아무것도 떠오르지 않았어. 처음엔 공원 의자에 앉아 사기꾼과 연락이 되길 애타게 기다렸지. 날이 추워지자 따뜻한 곳을 찾아 지하철로 내려갔어. 벤치에 앉아 버티고 있었는데 시간이 지나자 나도 모르게 가방을 머리맡에 두고 눕게 되더라. 처음엔 어색하고 부끄러웠는데, 깊은 밤이 되자 노숙자 몇 명이 박스를 가지고 들어와 편안하게 눕는 걸 보고 용기를 얻을 수 있었어. 겨드랑이에 신문지를 구겨 넣고 쪼그리고 누워 내일을 생각해 봤어. 아무리 생각해도 어떤 방법도 떠오르지 않았어.

이기적인 본능은 내일이 아닌 배고픔부터 해결하길 원했어. 어느새 내일의 고민은 사라졌어. 전 재산인 2천3백 원을 가지고 두 끼 이상 먹을 방법이 뭐가 있을까에 집중하게 됐지. 결론은 컵라면이 유일했어. 나는 육체가 추위와 배고픔을 견디기 힘들어질 때까지 참다가 편의점에 들어갔어.

새벽 4시 반이었어. 따뜻한 라면 국물이 몸에 들어오자 잠이 쏟아지더라. 다행히 행색이 그렇게 초라하진 않았어. 나는 기차를 기다리는 것처럼 연기를 하며 벽에 기댄 채 눈을 감았어.

최대한 편의점 안에서 버텨야 했어. 편의점을 나가는 순간 내가 머무를 곳은 차가운 길바닥뿐이었으니까. 눈을 감은 채 연락할 수 있는 사람이 있는지 떠올려 봤어. 하지만 하나도 떠오르지 않더라. 갑자기 내 모습이 처량해지면서 눈물이 났어. 이렇게 넓은 서울 땅에 내 몸 하나 가눌 곳 없는 현실이 초라했어. 눈물 콧물 쏟아내며 울고 싶었지만, 꾸역꾸역 참아냈어. 내가 펑펑 울어버린다면 아르바이트생이 쫓아낼 것 같았거든.

컵라면 하나로 2시간을 보내고 있을 때였어. 갑자기 사람들이 역으로 밀려 들어오더라. 셀 수도 없이 많은 사람이 우르르 몰려와 편의점에서 물건을 사거나 바쁜 걸음으로 기차를 탔어. 사람들이 몰려오자 몇 안 되는 노숙자들은 하나둘 일어나 사라졌어. 나는 그 모습을 보는 순간 빠르게 내 인생의 확률을 계산해 봤어.

내가 한 역에 다섯 명밖에 없는 노숙자 무리에 들어갈 확률은? 출근하고 있는 수백 명 안에 들어갈 확률보다 높을까? 출근하는 백 명의 사람 중 나보다 게으르고 별 볼 일 없는 사람은 얼마나 될까? 내가 다섯 명의 노숙자보다 노력하지 않을 확률은?

조금씩 자신감이 찾아왔어.
백 명 중 백 등을 하더라도 지하철을 타고 출근하는 누군가가 될 수 있더라고. 노숙을 하는 다섯 명 중 한 명이 될 확률은 제로에 가깝다는 결론이 내려졌지.

나는 피곤한 몸을 억지로 일으켜 세웠어. 그리고 편의점 아르바이트생에게 물었어.

"인력사무소가 어디에 있나요? 제일 가까운데 혹시 아세요?"

서울에 와서 처음으로 누군가에게 말을 걸었어. 수백 명 안에 들어갈 수 있는 유일한 방법이었거든.

친구야!
네가 생각한 미래의 암울함은 절대 찾아오지 않아. 너보다 노력하지 않는 사람들도 마주하지 않을 희박한 미래야. 지금 네가 고민함으로 찾아온 불행은 최악의 상황에서도 일어날 수 없는 일이라고.

네가 노숙할 확률이 얼마나 되겠어?
네가 수많은 사람 사이에서 떨어져 나올 확률은?
그저 그런 삶을 살더라도 노숙자가 되거나 무리에서 떨어져 나오지 않아. 어떻게 확신하냐고?

지금 네가 고민하고 있잖아. 그게 증거야.
네가 고민하는 이유를 생각해 봐.

노숙이란 최악을 생각한 게 아니라 앞이 보이지 않는 미래에 대한 두려움과 좌절이라고 말하고 싶어? 그게 그거라고.
미래에 대한 두려움이 노숙이든 아니든, 무리에서 떨어져 나올 것 같은 불안이든 아니든, 그게 중요한 게 아니라는 거야.

미래에 원하는 결과를 얻지 못한다 해도, 이른 아침 다른 사람들처럼 지하철을 타고 어디론가 출근하며 살아간다고.

미래가 보이지 않는다고 해서 좌절이 찾아오는 게 아니라, 불행이 찾아오는 게 아니라, 평범한 너의 삶이 찾아올 뿐이라고. 대부분의 사람이 살아가는 평온한 삶이 좌절이나 불행은 아니잖아.

그러니까 친구야!
극단적인 생각으로 하루를 망치지 말았으면 좋겠어.

긍정적인 사고만을 하라는 게 아니야. 불행은 기적만큼 쉽게 찾아오는 현실이 아니라는 걸 기억해 줘.

망상과 비슷한 것들에 힘들어하지 말자. 차라리 고민으로 얻어진 보이지 않은 미래를 향해 질문을 던져보자.

"그래서 지금 나는 무엇을 해야 하는 걸까?"

그 답은 멀리 있지 않을 거야.
내가 내일이란 미래를 위해 인력사무소 위치를 물었듯이!

- 보이지 않는 미래에 늘 질문을 던지며 살아가는 너의 친구 재원이가.

TO. 도전에 대한 타인의 조롱과 괄시,
비웃음과 비난이 두려운 나의 친구에게

혹시 기억해?
예전, 반대에 부딪힌 널 위해 편지를 쓴 적이 있었어. 어쩌면 그 편지의 연장선일 수도 있는데, 내가 네게 쓰는 편지 중 가장 하고 싶은 이야기이기도 해.

사람들은 반대를 해도 네가 고집을 꺾지 않으면 누군가는 조롱과 괄시, 비웃음과 비난을 쏟아 낼 거야. 다른 건 잘 모르겠지만 확실하게 말할 수 있는 건, 저따위 말을 하는 사람과는 상대할 필요가 없다는 거야. 그런 이들과는 논쟁도 필요 없어.

반대는 너와 관계를 맺은 누구라도 걱정을 앞세워 할 수 있는

매너, 혹은 진심이야. 설사 오만함이나 자기를 과시하기 위해 반대하는 경우라도 최소한 널 하등하다고 여기진 않아. 하지만 조롱과 괄시, 비웃음이나 비난은 네가 하등한 인간이라고 생각할 때 나올 수 있는 언행이야. 그런 사람과 깊은 인연을 이어 갈 필요 없어. 과감하게 끊어내는 게 현재와 미래를 위한 현명한 방법이라는 거 잊지 마!

내가 소설가가 된다고 했을 때 날 조롱하는 사람들이 꽤 있었어. "너 따위가?" "소설가는 개나 소나 하냐?" "네가 소설가가 되면 난 괴테다." "배운 것도 없는 놈이 무슨 소설가? 지나가는 개도 웃겠네." "넌 될 수 없어. 글이 쉬운 줄 알아. 돈이나 벌어."
내가 보란 듯이 소설가가 되자 조롱하던 사람들은 뻔뻔하게 입을 닫고 아무렇지 않게 행동했어. 사과 한마디 없이 말이야.

내 소설이 영화화된다며 시나리오를 쓰게 됐다고 말했을 때도 사람들은 비웃었어. "야 수십억이 들어가는 데 사기꾼한테 잘못 걸린 거 아니야?" "유명한 작가들도 많은데 왜 니 소설을 영화로 만들고 시나리오까지 써?" "말이 되는 소리를 해. 니가 영화판을 알아?" "야. 뜬구름 잡지 말고 살아." "니 소설 영화로 만들 정도 아니야. 시나리오 쓸 실력도 아니고."

하지만 내 영화가 많은 사랑을 받게 되자 비웃던 사람들은 언제 그랬냐는 듯 모르쇠로 일관했어.

내 소설을 원작으로 직접 드라마를 쓴다 했을 때도 마찬가지였어. 사람들은 마치 내가 극본을 쓰길 기다렸다는 듯이 괄시가 담긴 비난을 배설했어. "드라마가 쉽냐?" "영화나 소설과는 달라. 니가 감히 할 수 있는 영역이 아니야." "학벌도 안되는 놈이 무슨 드라마를 써?" "너 하는 거나 잘해. 망신당하지 말고." "니 드라마가 TV에서 나오면 내 손에 장을 지진다."
역시나 이번에도 내가 쓴 드라마가 방영되자, 사람들은 별일 아니라는 듯 지나갔지.

친구야! 너의 도전을 조롱과 괄시, 비웃음으로 일관하는 이들이 있을 거야. 비난 속에 널 무시하는 말들을 서슴없이 뱉어낼 거야.

기죽지 마. 그리고 명심해.
사람의 입에 오르내리는 존경받는 사람들은 전부 불가능에 가까운 도전으로 시작했어. 주저리주저리 핑계 대며 시작조차 하지 않던 사람들과는 다르게, 무모함으로 비춰질 수 있는 도전을 서슴없이 실천했지. 널 조롱하는 사람들은 평생을 살아도 불가능한 도전이라고. 반면 너는 어때? 그들이 허상이라 말하는 영역을 정복하기 위해 달려가고 있잖아.

모든 위대함은 모든 사람이 불가능하다고 말하는 도전으로부터 온다는 걸 꼭 기억해.

재밌는 이야기를 해줄까?
그때 나를 멸시했던 사람들이 지금은 어떤 말을 하고 다니는 줄 알아? "소재원? 걔 내 친구야." "재원이? 나랑 친하지." "너 소재원 작가라고 알아? 나랑 자주 연락해." "아! 너 소 작가 좋아했구나? 사인받아 줘? 아니 지금 전화해 볼까? 통화해 볼래?" 웃기지? 그런데 대부분 그렇더라고. 잘못되면 "봐라. 내가 뭐라고 했냐."라는 핀잔을 전하지만 잘 되면 술안주 삼아 이야기하거나 자신을 높이기 위한 가십으로 날 팔아먹더라고.

네가 모욕을 참아내고 도전을 이룬다면 나와 같은 일을 똑같이 당할 거야. 자신을 위해 널 자랑하며 가십으로 이용할 거야. 그러면서 또 도전하는 이들을 비웃고 조롱하겠지.
그런 이들에게 뭔가를 설명하려 하지 마. 어차피 그들은 들어도 이해하지 못해. 마치 좁은 개울만 보고 살아서 바다를 이야기하면 거짓말이라고 말하는 사람들과 같은 존재들이야. 한 번도 본 적 없고 느낀 적도 없는 걸 아무리 설명해 봤자 그들에게는 거짓이자 망상일 뿐이니까.

친구야!
난 너의 도전을 늘 응원할 거야. 실패하거나 이루지 못했다고 실망하지도 않을 거야. 위대한 도전은 불가능에 가까울 정도로 어렵다는 걸 알고 있으니까. 도전 자체만으로 박수받을 일이라는 걸 나도 겪어봐서 잘 알고 있으니까.

그냥 부탁하고 싶었어. 타인의 말 따위로 주저앉지 말았으면 했어. 흔들리지 말라고 말해주고 싶었어. 누구도 너와 같은 생각과 판단, 확고한 믿음을 갖지 못했기에 그따위 말들을 하는 거라고 알려주고 싶었어.

혹시 지금 어떤 계획을 세웠니? 계획을 세웠다는 건 이제 도전만이 남았다는 뜻이겠네? 설마 사람들이 겁을 줘? 비웃음 속에 조롱과 비판으로 움츠러들게 해?

네 친구로서 내가 자신 있게 말할게.
달려가! 당장! 어떤 결과든 난 널 존중할 거니까.

대신 약속해! 너의 도전을 응원한 나라는 친구를 꼭 기억해 줘. 그리고 결승점에 가서 내가 말한 모든 것을 떠올려 줘. 지나온 길을 돌아보며 내가 너에게 보낸 편지들이 옳았는지 아닌지 직접 판단해 주길 바랄게.

난 자신 있게 말할 수 있어. 그 순간이 오면 넌 내게 처음으로 편지를 쓸 거야. 지금까지 보내준 편지가 고마웠다고. 내 편지를 기억하며 달려왔다고. 결과가 어찌 됐든 여기까지 걸어올 수 있었다고. 후회는 없었다고. 돌아본 길은 다행히도 버려진 것들보다 남겨진 것들이 더 많았다고.

나의 편지는 여기까지야.
앞으로는 너의 편지가 도착할 날을 기다리고 기다려 볼게.

이메일 . sojj1210@naver.com
인스타 . @sojj1210

- 너의 편지를 애타게 기다리며 하루하루를 보낼 친구 재원이가.

사랑, 이별.

소재원 메시지

친구야!
난 사랑이란 감정을 알기 위해 수십 년을 허비했어.
사랑을 시작하기만 하면 어김없이 쫓아오는 이별이란 감정과 끝없는 싸움을 해야만 했지.
지금부터 네게 보여줄 글은 엄청난 이야기는 아니야.
네가 이 글을 읽는다고 사랑을 이해하거나
알 수 있는 것도 아니야.

그저 순간의 찰나, 내 가슴을 후벼 파고들어 온 감정을 그때그때 기록한 글들이야. 수십 년을 적어 온 나의 사랑과 이별을 통해 위로받길 바랄게.

부디
너의 사랑은 이별로부터 온전하길.
너의 이별은 그리움으로부터 안전하길.

- 수 십 년 동안 사랑과 이별의 예행연습만 해온 친구 재원이가.

문득 떠오르기보단
늘 간직했으면서도 애써 가둬놨을 기억일 테다.
어쩌면 늘 기억하면서도
스스로의 최면으로 아니다 생각했을 테다.
눈을 뜨고 감는 시간까지도,
눈을 감고 무의식의 상태에서도 사라지지 않지만,
이제는 본능과도 같아서 느끼지 못했을 테다.
시간은 잊힘을 만든다는 거짓말을 애써 믿어왔을 뿐,
신뢰하지는 않았을 테다.
오히려 시간이 흐름에 깊어지고 진해졌으며 익어갔을 테다.
어느 순간 봇물 터지듯 터지는 것이 아닌,
애쓰고 참아내다 어느 순간 힘에 부쳐 터져버리는 것이었을 테다.

나는 오늘 그런 순간을 맞이했다.

정말 죽고 싶었던 적이 있어.
그냥 상상만 했을 뿐인데 미치도록 두렵고 슬퍼지더라.
바로 네가 날 떠난다는 상상.

그때 깨달았지.
아! 이걸 사람들은 사랑이라고 말하는 거구나.

오늘 같은 날씨는...

사랑하기 좋은 날.
사랑하고 싶은 날.
사랑주기 좋은 날.
사랑받고 싶은 날.

우리에게 늘 사랑 가득하길...

십 년 전, 우린 서로를 사랑하는 일이
못내 미안해져야 하는 사이가 됐습니다.
다른 건 모르겠습니다.
당신 앞에서 눈물을 짜내기 싫어
마지막 인사도 없이 카페를 뛰쳐나왔습니다.

다행히도 따스한 햇살의 위로가 괜찮았던 날이었습니다.
한참을 걷다가 나도 모르게 중얼거렸습니다.

- 사랑하기 좋은 날이네.

그랬습니다.
사랑이 가득 뿌려진 아름다운 날 우리는 이별을 맞이한 겁니다.

십 년이 지나 다시 사랑하기 좋은 날이 찾아왔습니다.
나도 모르게 또 중얼거립니다.

			- 사랑을... 기억하기 좋은 날이네...

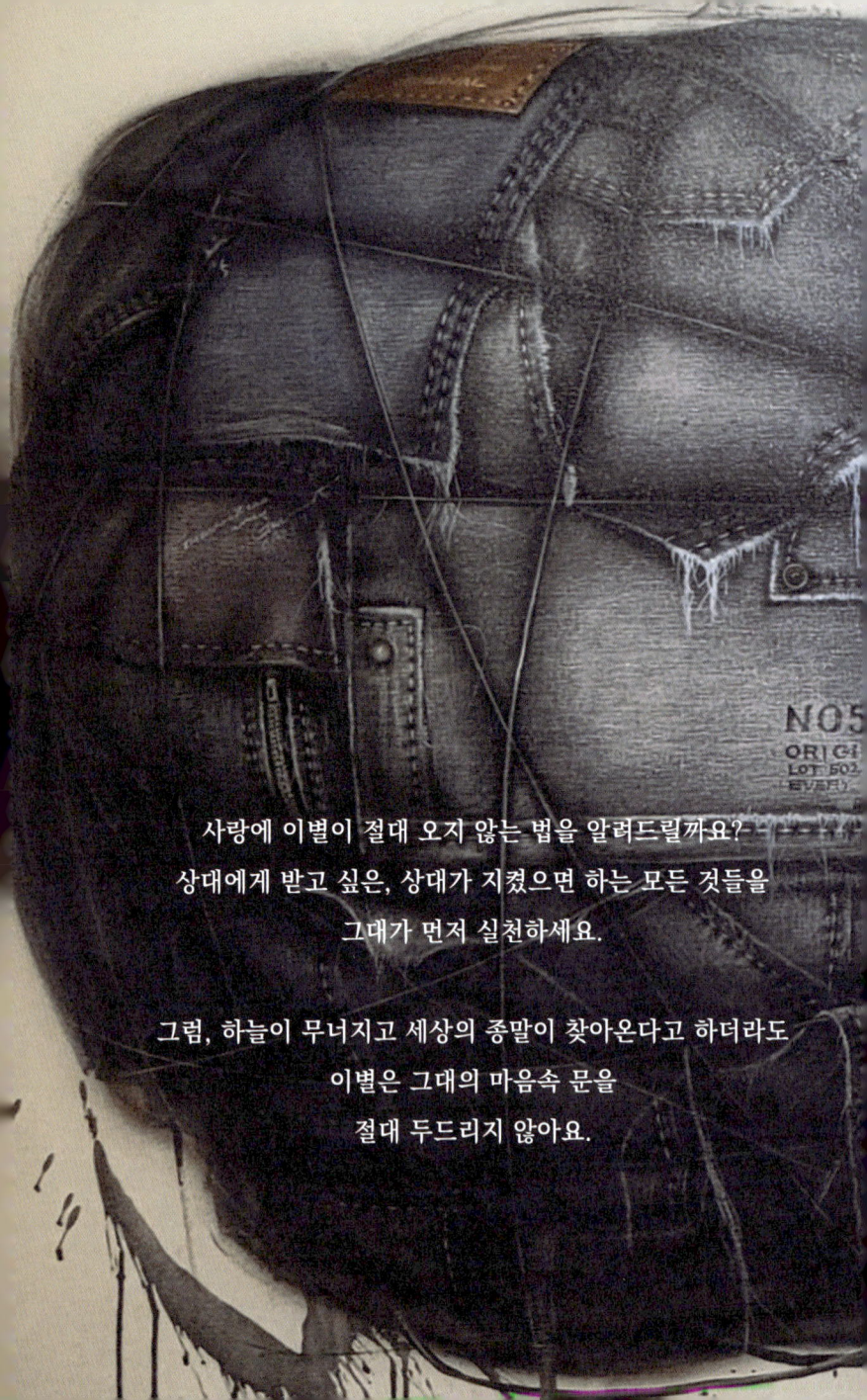

사랑에 이별이 절대 오지 않는 법을 알려드릴까요?
상대에게 받고 싶은, 상대가 지켰으면 하는 모든 것들을
그대가 먼저 실천하세요.

그럼, 하늘이 무너지고 세상의 종말이 찾아온다고 하더라도
이별은 그대의 마음속 문을
절대 두드리지 않아요.

그리움으로부터 자유를 찾으려면,
그 사람의 향기를 잊으세요.
그리고 목소리를 지우세요.
마지막으로 추억을 과감히 버리세요.

간단하죠?
허나 우린 방법을 알면서도
늘 스스로 그리움에 구속당해요.

어린 시절 우린 이별 후 펑펑 울며 친구들에게 위로받았어요.

지금은 어때요?
괜찮냐는 타인의 물음에 눈물을 삼켜내고
아무렇지 않은 듯 고개를 끄덕이며 아픔을 감추죠.

이제 알게 됐거든요.
이별은 위로받을 만큼 아름답지 않음을.

사랑은 이별보다 덜 힘든 조건들을 가지고 있어요.

잊힘보다 간직을.
눈물보단 웃음을.
혼자보단 동행을.
불신보단 믿음을.
배신보단 충실을.

어때요? 이별보다 쉬운 조건이죠?
한데 왜 우리는 더 어려운 조건의 이별을 선택하고
힘들어할까요?

천생연분 : 하늘이 정해준 인연.
천생연분 : 천 번의 생을 함께한 인연.

어떤 의미가 그대에게 더 소중한가요?

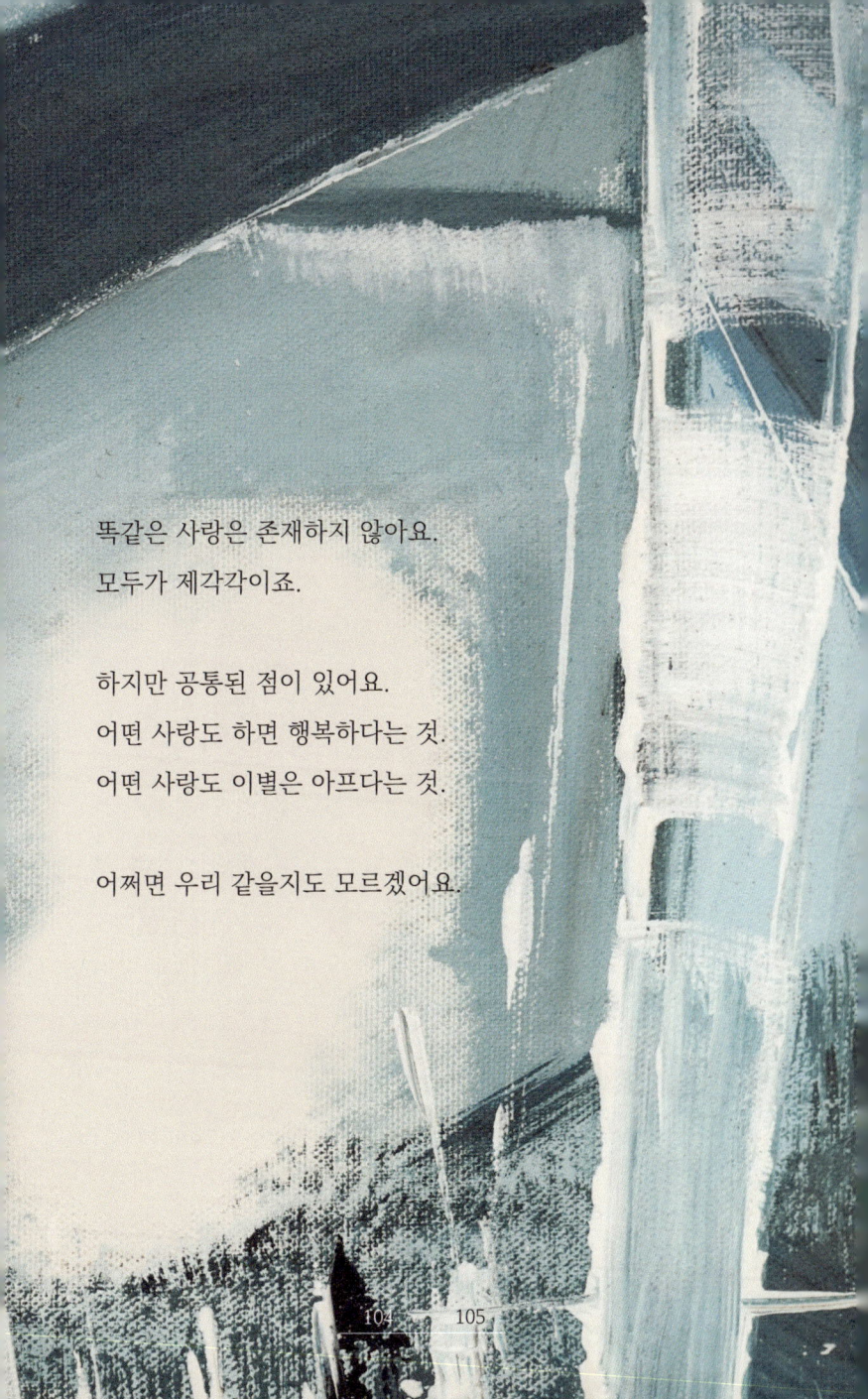

똑같은 사랑은 존재하지 않아요.
모두가 제각각이죠.

하지만 공통된 점이 있어요.
어떤 사랑도 하면 행복하다는 것.
어떤 사랑도 이별은 아프다는 것.

어쩌면 우리 같을지도 모르겠어요.

사랑이 그리운 날입니다.
사랑하고 싶습니다.
허나 이내 미안해집니다.

사랑이 끝나면 이별이 오는 줄 알았어요.
한데 아니예요.
사랑이 끝나고 오는 녀석이 이별이라면
아프지 않고 눈물도 없고 그리움도 찾아오지 않겠죠.
이별은 사랑의 순간에 찾아와요.

그러니 사랑이 식어서, 사랑이 떠나서 이별한다며
바보같이 멍하니 보내지 말라고요.

그녀는 시를 잘 썼어요.
그녀의 시를 읽고 싶어 써보라 하자
비가 내리는 날 잘 써진다고 하더군요.
그래서 비 오는 날 메모지를 건넸죠.
하지만 그날 그녀는 시를 쓰지 못했어요.

이별 후 깨달았죠.

그날 메모지가 아닌,
빗소리가 잘 들리는 창가에 의자를 가져다 놓고
커피를 건네야 했단 걸.

오늘 그대,
내 마음의 방에 들어와 온통 어지럽히고 나갔네요.

깔끔히 정리하느라 온종일 힘들었어요.

그대가 흩트려 놓은 마음의 방에 있던 기억들,
다 그대의 것들이네요.

먼지가 쌓여 있었는데
덕분에 다시 꺼내어 깨끗하게 닦아놓았어요.

연애란 비싼 명품 가방을 평생 하나만 들고 다닐지,
아니면 적당한 가방 여러 개를 들고 다닐지의 차이라고 생각하면 편할 거야.
근데 적당한 가방 여러 개 중, 뜻하지 않게 명품 가방이 휩쓸려 올 때가 종종 있단다.

명품 가방을 고르는 안목은 적당한 가방을 많이 들고 다닐수록 자연스럽게 생겨나.

명품 가방 하나만 들고 다니는 선택은 추천하지 않을게.
명품인 척하는 짝퉁이 생각보다 많거든.

왜 당신을 사랑하게 되었는지 기억도 없고 까마득하지만,
당신을 사랑한 걸 후회한 적은 단 한 번도 없었습니다.

내가 네게서 가져온 건 너무 작고 초라한데
내가 네게 두고 온 건 너무 크고 소중한 것들이다.
해서 아직까지도 아픈가 보다.

사랑받고 싶죠?

그래서 그대가 연인이 없는 거예요.
사랑받고 싶어 하는 사람은 넘치는데
사랑을 주려는 사람은 거의 존재하지 않거든요.

사랑하고 싶죠?

그럼, 사랑을 받으려 하기보단
주기 위한 사랑을 시작해 보세요.
받으려는 사람은 차고 넘치니까
쉽게 사랑을 찾으실 수 있을 거예요.

이별하셨나요?

혼자 하는 사랑이 없듯 혼자 하는 이별도 없습니다.

이별의 이유를 상대에게 돌리지 마세요.
분명 그대도 책임이 있으니까요.

사랑을 만날 때,
당신의 행복만 나누려는 사람보다
당신의 고생과 슬픔도 기꺼이 나누는 사람을 만나세요.

그리고 그 사람을 절대 놓치지 마세요.

대부분의 사람은 고생과 슬픔 앞에서 도망치거든요.
그대의 모든 걸 재지 않고 서슴없이 나누는 사람은
흔치 않아요.

그거 알아?
'사람'에서 모서리만 깎으면 '사랑'이야.
'사람'의 모난 구석을 깎아야 '사랑'을 적을 수 있어.

잊지 마. 모서리를 깎아야 한다는 걸.

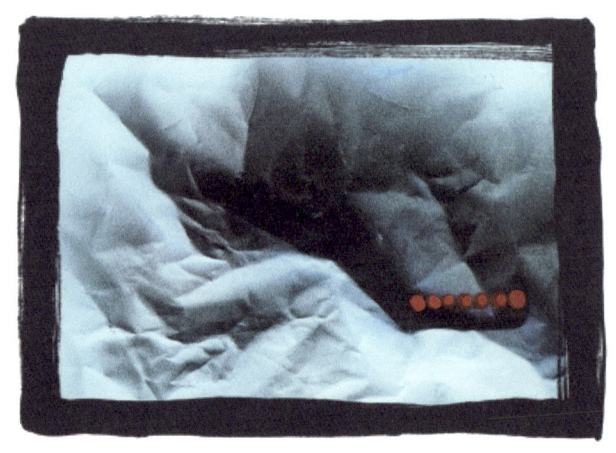

당신을 기다리는 일. 습관으로 굳어질 것 같아요.
습관은 무서운 거랍니다.
나중에는 그립지 않아도
나도 모르게 기다리게 되거든요.

사랑은 식어버렸는데 기다리는 일이 습관이 되어,
당신이 돌아왔을 때 별다른 감흥 없이 맞이하기 전에
어서 돌아오시길.

누구나 그리운 이름 하나 있기 마련이지.
나도, 당신도, 그 누구도.

정말 아름다운 인연은 아마도,
서로 그리운 이름이 같은 인연일 거야.

생각만으로 부럽지?
어색한 말투로 잘 지내냐는 흔한 안부를
용기내어 묻지 않아도 된다는 사실만으로 충분히.

당신과 헤어진 지 일주일 만에 다시 만났을 때
난 7kg이나 빠져있었죠.
당신은 나를 품에 안으며
"힘들었구나. 미안해."라고 말했어요.

내가 당신 품에 안겨 말했죠.

- 너와의 이별을 감당할 자신이 있었다면
  난 널 사랑하지 않았을 거야.

누군가를 그리워하는 일은 배고픔과 같다.
배부르면 생각나지 않지만 배고프면 생각나는 것.

그립지 아니한가?
곧 그리워질 것이다.
포만감은 언제고 사라질 테니까.

20년이 흘러
우연히 마주친 당신이 어색한 인사와 함께 묻습니다.

"나 많이 늙었죠? 당신은 그대로네요."

환한 미소로 답했습니다.

"변한 건 우리의 모습이 아닌 것 같네요.
서로 존대하는 말투가 변했고
당신을 기다리는 사람이 내가 아니라는 것과
우리가 같이 왔던 이곳의 풍경이 변했을 뿐이네요.
당신 그대로예요."

어색했어요. 첫인사도, 마지막 인사도.
한때 죽고 못 살던 우리가 이제 남보다 못한 사이가 됐네요.

잘 지내시나요?
당신으로 하여금 사랑을 배우고 이별을 배웠어요.
덕분에 지금의 사랑을 완벽하게 채워 나갈 수 있었습니다.
이제 자식을 키우는 엄마가 되었고 한 남자의 아내가 되었으며 모든 걸 쏟아붓는 사랑의 방법을 알게 됐어요.
눈물 쏙 빼는 호된 헤어짐을 선물해 주신 덕분에 내가 이리 웃고 사나 봅니다.

우연히 만난다면 당신이 어린아이의 작은 손을 잡고 있었으면 합니다. 기왕이면 장난감 가게였으면 합니다.
잠시 서로의 아이를 바라보다 내가 "예쁜 아이구나."하고 당신 손을 잡은 아이의 머리를 쓰다듬고 가벼운 인사로 지나쳤으면 합니다.
그리고 이내 쓴웃음과 안도의 한숨을 내쉬었으면 좋겠습니다.
'잘사는구나. 비슷한 이별의 아픔을 딛고 비슷한 시간에 새로운 사랑을 만났으며 비슷한 또래의 아이를 키우며 잘살고 있구나.'라고 위로했으면 합니다.
이런 우리를 내 아이가 아리송한 눈으로 올려 볼 때 이렇게 말해줬으면 합니다.

- 한때 같은 꿈을 꾸었던 어른이야.

도곡동에서 압구정 한강까지 달렸습니다. 함께 달려준 그녀가 한참이나 보이지 않아 기다리며 음료수를 샀습니다. 땀이 서늘하게 식을 즈음 그녀가 도착했어요. 왜 늦었냐는 말에 그녀가 기가 막힌 대꾸를 합니다.

- 그렇게 급하게 뛰어봤자 결국 이렇게 만나게 돼.

그가 물었다.
- 사랑. 해봤니?
내가 답했다.
- 해봤는데, 그거 재미있고 행복한 건 줄 알았는데 끝은 힘들고 슬프더라.
그가 웃으며 내 머리를 쓰다듬었다.
- 그럼 아직 안 해 본 거야. 그 사람 뒷모습에도 행복한 감정, 그게 사랑이야.

짧은 사랑이 지나간 자리에 길고 긴 미련이 찾아왔다.
앞으로는 아쉬운 미련마저 버리고 널 축복하겠다.

사랑이 최고라 생각해요?
맞다면 언제고 이별이 당신을 찾아올 거예요.
사랑이 최고가 아니라 사람이 최고가 되어야
사랑이 도망치지 않아요.

사랑이 최고가 되면
사람에게 실망했을 때 더 큰 사랑을 찾아 떠나지만
사람이 최고가 되면
실망도 이해할 수 있는 인내가 동반하거든요.

사랑이 범람하는 이 시대에
쉽게 마음을 열지 못하는 건 어쩌면 당연한 거야.
오히려 범람의 사랑을 추구한 우리가 옳지 못한 건 아닐까?

'사랑해'라는 말을 믿을 수 없는 나이가 됐다.
내겐 '보고 싶다'라는 말이 더 가슴 깊이 새겨진다.

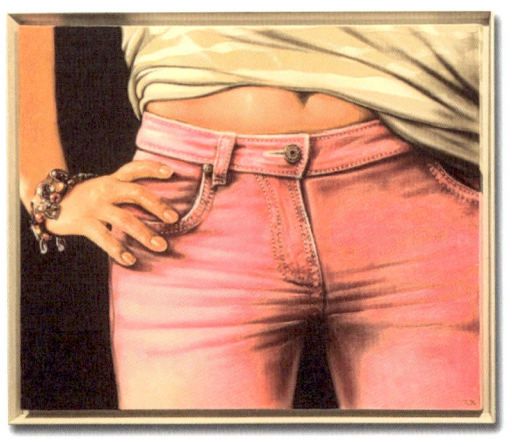
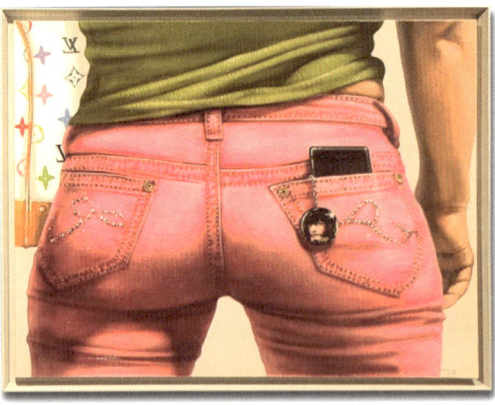

여러분, 사랑의 또 다른 이름이 있으신가요?
그럼, 행복의 또 다른 이름은 누구인가요?
만약 사랑과 행복의 또 다른 이름이 같다면
축복의 삶을 사시고 계시겠군요.

신기하게도 대부분의 사람은
사랑과 행복의 다른 이름이 같답니다.

이별에게 물었다.
'너는 왜 사람에게 눈물을 만들어 내?'
이별이 말했다.
'나를 부른 게 누구지?'

나는 아무 말도 할 수 없었다.

어느 사람이 내게 말했다.
이별 앞에선 냉정해지라고.
차갑게 돌아서라고.
눈물 따위 보이지 말라고.
그 사람에게 묻고 싶었다.

그런데 당신은 정말... 그게 되더랍니까?

"뜬금없이 생각나서 전화한 거 아니야.
수천 번을 참고 전화한 거야."

당신의 이 말 한마디가 현실을 직시하게 만들었어요.

'아! 우린 서로 가벼운 안부를 묻는 일조차
참아내야 하는 사이가 됐구나.'

돈으로 산 반지는 빼버리면 그만이지만...
오랫동안 껴서 남은 반지 자국은 시간이 흐르면 흐려지지만...
그 반지를 함께 끼던 기억은 영원히 지워지지 않는다.

어느 사람이 사랑에 대해 물어왔어요.
제가 말했죠.

- 아주 간단해요.
사랑하는 사람의 주위 조건이 사라질 때 슬퍼지는 게 아닌,
그 사람 자체가 사라질 때 슬퍼지는 감정.
그게 바로 사랑이죠.

사랑...
이 단어에 수많은 물음을 던졌습니다.
이제 깨닫습니다.
사랑엔 물음이 있을 수 없음을...

사랑에 물음을 던지는 순간
이별이란 놈이 재빠르게 찾아옴을...

잃음으로……

잃은 모든 것이 내 곁에 있었을 때보다 행복하길…

슬픔을 안고 살아간다는 것이 그렇게 아픈 건 아닌가 봐.
깊은 슬픔에는
상처가 아물 때 생겨나는 딱지 같은 것이 생기거든.

그래서야.
슬픔을 겪게 될수록 더욱 단단한 살이 돋아나기에
우리의 감정이 무뎌지는 것은...

비가 좋았던 적이 있었어요.
우산이 없음에 다행이라 생각했던 나날들이 있었어요.
그대를 잊기 전까지 나는 그랬어요.

그가 옛사랑에 대해 물었다.

"사랑했었어?"

내가 말했다.

"응. 사랑했었어."

내 고백에 그가 슬픈 눈을 하고 말했다.
금방이라도 눈물이 터질 것처럼.

"사랑했었다는 네 말에 나 정말 심장이 무너지는 줄 알았다."

지금 곁에 있는 연인이 진짜 인연인지 궁금하세요?
궁금해하지 마세요.
70억 사람 중 연인이 될 확률... 이미 증명되었잖아요.
어떤 증명이 더 필요한가요?

피식 웃음이 나옵니다.
그냥 웃습니다.
아무 이유가 없습니다.
당신과의 기억이 떠오를 때면 그냥 웃습니다.
그런데...
왜 항상 마지막은 눈물인지요.

그리운 만큼만 사랑이었다는 가정을 한다면,
내 사랑은 정말 보잘것없었더라.

먼 훗날 당신을 만나면
눈가에 주름진 모습을 볼 수 있을지도 모르겠습니다.
그땐 이별의 아픔보다 웃음으로 만날 수 있겠지요.

그때가 되면 한때 당신을 사랑했던 여자라며
그 시절 얼마나 울었는지 아냐는 진담의 말이 농담처럼
가볍게 나올 수 있길 바라봅니다.

이제 내 배는 그대의 항구에서 떠나
새로운 항구를 찾아가고 있어요.
배가 정박하기 전까지 바람도 만나고 비도 만나겠지요.
사실 이런 두려움이 멈칫하게 했지만
출항은 이미 결정되었던 거죠.
그대에게도 거친 비바람을 뚫고
다시 멋진 배가 도착할 거예요.

얕은 물에서는 큰 배가 떠다닐 수 없다.

눈물 나게 사랑해 본 적은 없지만,
이별은 언제나 눈물뿐이었습니다.

울리지 않는 전화를 기다리는 일.
세상에서 가장 힘든 일일 거야.
초조함을 넘어선 두려움.
두려움을 넘어선 지독한 독백과 설렘.
너는 알고 있을까?

내게 기다려달라고 했지요? 오래 걸릴 거라고.
1년, 길면 3년이라고 했나요?
솔직히 말하죠. 싫어요. 기다릴 수 없어요.
하지만 평생 사랑할 순 있어요.
기다리라 하지 마시고 사랑해 달라 말해주세요.
당신을 사랑하는 것만큼은 자신 있으니까.

선인장은 물을 잘 주지 않아도 혼자서 잘 자랍니다.
내 사랑은 선인장을 닮았습니다.

당신이 내게 사랑을 주지 않아도,
난 홀로 사랑을 키워나갈 것입니다.

나는 가끔 손가락으로 더듬어 심장을 찾아야 할 만큼
숨이 붙어 있는지 느낄 수가 없었다.
그리움의 가는 길바닥엔 숨통을 조여 오는 기억들이
나를 막아 세우는 걸 알면서도 나는 자꾸만 너에게로 간다.

가슴에서 '사랑해'란 단어를 지우면
새로운 '사랑해'가 새겨질 것 같지?

아니. '미안해요'...

이별 다 해보셨죠?
그럼, 몇 번의 이별 속에 찾아온 사랑인가요?
느끼시죠?
지금 그대의 사랑이 얼마나 소중한지.

수많은 소나기를 만났어.
난 그 소나기가 영원하다 믿었었는데 금방 지나가 가더라고.

당신,
당신만은 내게 태풍이었으면 해.

눈물 없는 이별을 원했다.
서로가 행복한 이별을 원했다.
너무 어리석었다.

눈물 없는 사랑을 선택했더라면
행복한 사랑을 할 수 있었을 텐데.

오래전 한 남자를 만났어요.
그 사람은 저에게서 옛 그가 보인다며
동정으로 자신의 곁에 있지 말라 했어요.
묻고 싶어요.
아직도 그가 보이는지.

그녀가 긴 시간 숨겨온 자신의 비밀을 고백하며
눈물을 보였다.

내가 말했다.

"무슨 서두가 그렇게 길어? 네가 어떤 모습으로 살아가더라도
내 가슴에 새긴 네 이름이 변하는 건 아닌데 말이야."

우리는 진정한 사랑의 모습을 늘 이별 후에 보여줘요.
그 사람만 생각하고, 같이 보내지 못한 시간에 마음 아파하고,
그저 곁에만 있어준다면 행복할 것 같은 마음은
왜 이별이 찾아와야만 느끼는 걸까요?

늘 함께 할 거란 멍청한 착각 때문이죠.

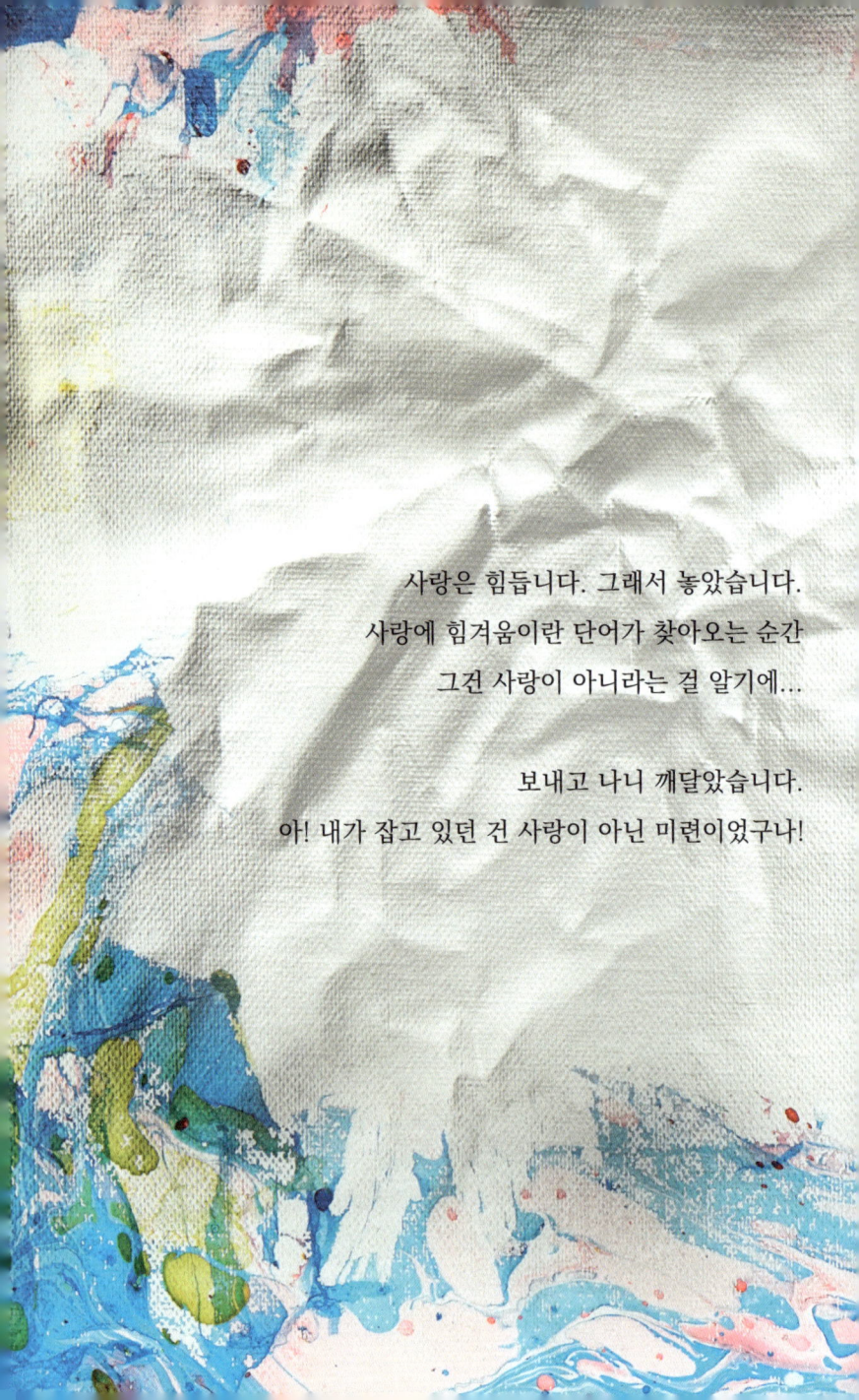

사랑은 힘듭니다. 그래서 놓았습니다.
사랑에 힘겨움이란 단어가 찾아오는 순간
그건 사랑이 아니라는 걸 알기에…

보내고 나니 깨달았습니다.
아! 내가 잡고 있던 건 사랑이 아닌 미련이었구나!

당신의 모든 걸 공유하고 싶은 사람이 있나요?
축하해요! 사랑하고 있군요.

혹시 어느 순간부터 숨기기 시작했어요?

이런... 이별에게 전력 질주하고 있군요.

사람들을 만나면 항상 물어보는 말이 있다.

"사랑하는 사람이 하지 말았으면 하는 거짓말이 뭐야?"

대부분의 사람이 말한다.

"사랑한다는 말."

나는 또 묻는다.

"그럼, 상대가 진실만을 말할 수 있다면 듣고 싶은 말은?"

이번엔 모두가 똑같은 대답을 한다.

"사랑한다는 말."

사랑에 빠진 이에게 충고랍시고 신중하라, 다 믿지 말아라,
조심하라 이야기하신 적 있나요?
정말 그대는 그렇게 사랑해요?
믿지 못해 신중하고 경계하고 조심하세요?
당신이라면 그런 사람과 사랑하고 싶으신가요?

사랑은 무모함으로 시작되는
절대적인 믿음과 깊은 신뢰의 결과물이랍니다.

옛사랑과 닮은 이를 찾는 바보들의 어리석음.
다음 사랑이 지금 사랑보다 나을 거라 기대하는
용감한 자들의 무모함.

사랑을 하려거든,
부모님이 나를 용서하는 이해와 너그러움을 배우십시오.
그럼 헤어지지 않습니다.

오래오래 살아주세요.
늘어서 추해지더라도 그 모습을 사랑할 테니,
그저 오래오래 살아 주세요.
다른 걸 바란다는 것은 나의 이기적인 마음일 테니,
그저 오래오래 살아서 내게 사랑만을 받고 느껴주세요.

그게 어려우시다면,
적어도 나보다 먼저 떠나진 말아주세요.

나는 당신을 모릅니다.
당신이 무엇을 원하는지, 당신이 무엇을 찾아다니는지,
당신이 무엇을 힘겹게 생각하며 무엇을 행복이라고 부르는지.

아무것도 모르는 내가 당신을 사랑합니다.

비가 옵니다.
진작부터 비는 내리고 있었건만
나는 온몸이 흠뻑 젖은 후에야 비를 인정합니다.
미련하게도 이별 역시 그리 대했었나 봅니다.

가져본 적이 있어야 잃을 수도 있는 거야.

보고 싶은 사람을 언제든 볼 수 있어요?
보고 싶은 사람의 이름을 언제든 부르며
　　사랑한다고 말할 수 있어요?

그대, 엄청난 특권을 가지고 계시는군요.

존경하는 사람과 만나고 결혼하고 싶다는 말을 자주 들어요.
그럼, 예수나 부처가 최고의 신랑감인가요?

사랑에 위아래를 만드는 존경 따위는 필요 없어요.
서로를 소중하게 대하는 존중이 필요할 뿐이죠.

목숨을 건 키스를 해본 적 있으신가요?

목숨을 건 고백은요?

그렇다면...
목숨을 건 사랑은요?

아시겠어요?
우린 스스로를 지키느라 나이만 먹은 못된 어른들이죠

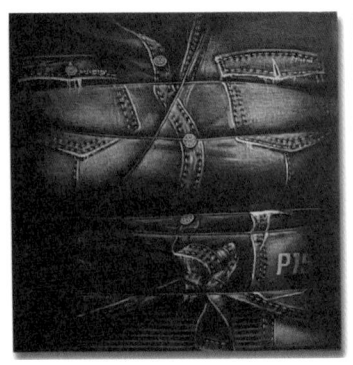

드라마를 보면 주인공들이 엇갈리는 안타까운 순간들이 많이 나와요. 그런 장면들에 답답해하셨던 적이 많으실 거예요. 한데 우리는 늘 이런 안타까운 순간을 맞이해요. 드라마 주인공들처럼 인지하지 못할 뿐이죠.

직선 말고 주위를 둘러봐요. 아쉬운 인연이 없도록.

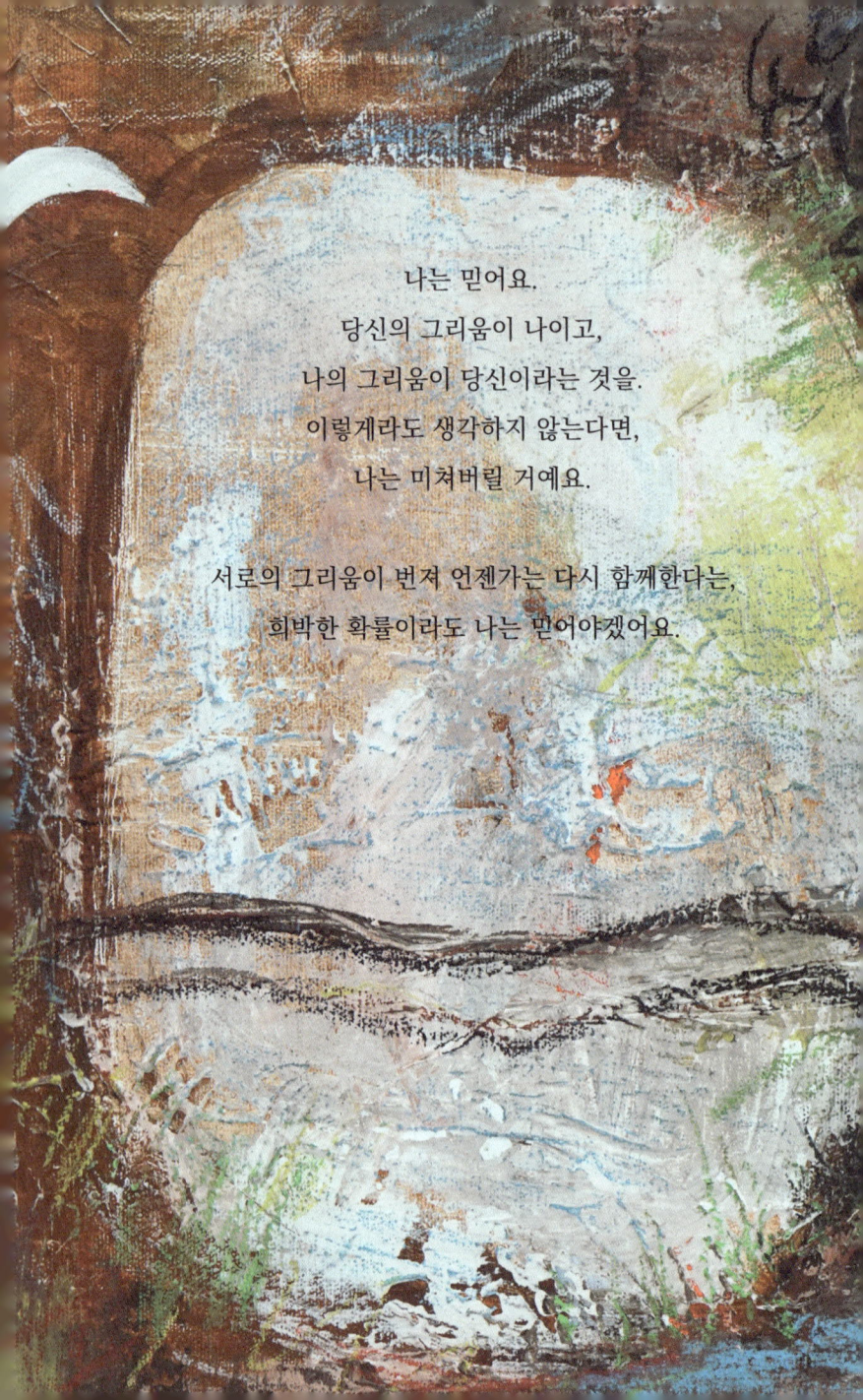

나는 믿어요.
당신의 그리움이 나이고,
나의 그리움이 당신이라는 것을.
이렇게라도 생각하지 않는다면,
나는 미쳐버릴 거예요.

서로의 그리움이 번져 언젠가는 다시 함께한다는,
희박한 확률이라도 나는 믿어야겠어요.

내가 가장 두려운 순간...

거리에서 마주친 너와
어색한 인사를 나누고 가벼운 안부만을 묻고 헤어지는 거.

내 앞에서 걸어가지 마세요.
당신이 정한 일방적인 목적지를 따라가기 위해
걷지 않을 거예요.
내 뒤에서 걸어오지 마세요.
당신에게 빨리 오라며 재촉하고 싶지 않아요.

그냥 동행자가 되어주세요.
우리가 함께 정한 목적지를 나란히 걸어가며
마주 잡은 두 손이 행복을 공감할 수 있게.

인생, 별책부록

소재원 메시지

네가 가진 명품의 이름은 모두 알지만, 네 이름을 아는 이는?
네가 가진 명품을 부러워하는 이유는 만든 사람이 대단해서야.
네가 대단해서 부러워하는 게 아니라는 거지.

왜 남의 이름을 빌려 살아가지?
넌 그만한 가치가 없다는 걸 스스로 인정하는 건가?

아직도 꿈을 꾸며 살아가시나요?
아직도 세상은 그대를 거칠고 낯설게 대해요?
그래서 점점 포기하고 싶으세요?
사실 나도 그래요.
늘 꿈꾸고 사는데
세상은 하루도 빠짐없이 나를 거칠고 낯설게 대해요.

누구나 그래요.
모두 그냥 강한척하는 거예요.

살아가는 동안 우리가 함께할 수 있는 시간은? 길어야 백년?
1세기도 안 되는 시간,
그 안에서 우리의 모든 감정을 공유해야 하는 안타까움!

그런데 말이야.
우리가 200년 300년을 살아갔더라면
그만큼 서로의 소중함이 덜하진 않았을까?

나이가 많아서 도전하기 머뭇거려져요?
아주 잘못 알고 있는 게 있어요.

1부터 순서대로 숫자를 세지 마시고
100부터 거꾸로 세어보세요.

아직도 나이가 많아서 도전이 머뭇거려져요?

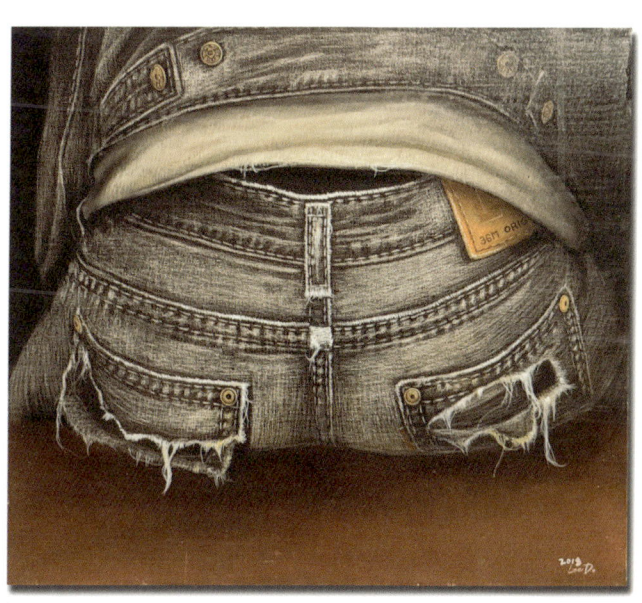

누군가의 꿈을 충고랍시고 무시해 본 적,
누구나 있으실 거예요.
현실이란 무게를 참고 자료로 이야기하셨을 거예요.
하지만 사람들은 현실과 타협하지 않고 역경을 이겨낸,
꿈을 이룬 자들을 존경해요.

정말 무서운 이중잣대죠.

사람들은 꿈꾸지 않거나 도전하지 않고
사는 사람을 패배자라 부른단다.
그런 사람들에게 묻고 싶어.

당신은 늘 꿈을 꾸셨나요? 늘 도전하셨어요?
실패에 꺾이지 않았나요?
목적을 향해 죽어라 달려가기만 하셨어요?
정말! 노력은 배신하지 않던가요?
그리고 마지막으로 물을 거야.
이루셨어요?
당신이 꿈꾸고 도전한 것들,
실패에 좌절하지 않고 이루셨나요?

이 질문에 네! 라고 자신 있게 대답할 어른은 아무도 없단다.
사실 도전한 일이나 꿈을 이루지 못한 사람들이
대부분인 세상이거든.
세상 사람 대부분이 패배자라는 거야.

월요일이네요.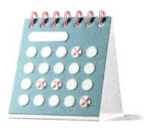

계획은 세우셨어요? 혹시 안 세우셨어요?
계획이 있더라도 엇나가는 게 세상일입니다. 허나 계획이 엇나갔을 땐 약간의 수정으로 바로 잡을 수 있는 경우가 대부분이지만, 계획 없이 엇나가면 기회가 날아가는 가는 경우가 대부분이에요.

12시 점심시간!

하루를 시작하신 지 5시간 정도 됐고, 잘 시간까지 11시간이 남았네요. 퇴근까지는 6시간쯤 남았죠? 그럼 5시간의 시간, 어떻게 사용하시겠어요?

누군가는 5시간으로 인생을 바꾼답니다. 누군가는 5시간을 내일에 지장을 주는 무의미한 일에 사용하죠.

하루살이가 불쌍하니?

글쎄.
하루살이는 삶이 끝날 때까지 날갯짓을 쉬지 않아.
그들이 내려오는 순간은 삶이 끝나는 순간이야.

그런데 우리는 어떨까?
수십만 배 더 많은 삶의 시간을 가진 우리는
그들이 날아오르는 순간만큼 날아오르고 있을까?

12월 30일.

그대가 "올해가 이틀밖에 남지 않았구나!"라고 생각하며
한 해를 마무리하고 새해를 맞이할 때,
누군가는 "아직 이틀이나 남았구나!"라며 끝까지 노력해요.

여기에서부터 차이가 벌어집니다.
새해에 누군가는 이미 그대보다 이틀 앞서 있는 거죠.

잘 지내세요?
이 흔한 물음…
얼마나 사용하세요?
오늘 우리 이 물음을 남발해 봐요.
잊고 지낸 이들에게 문자를 보내볼까요?

- 잘 지내세요? 저는 잘 지냅니다.

지친 당신이 절 떠올렸을 때
웃음이 될 수 있다면 얼마나 좋을까요?

세상 모든 일은 사람의 일이랍니다.
해서 늘 실수가 있고 아쉬운 순간이 남기 마련이지요.
모든 사람의 일에 완벽이란 없다는 거예요.
오늘 실수했나요?
아쉬움이 남았나요?
저도 그랬어요. 실수하고 아쉬움이 남았죠.

자책하지 말아요. 모두가 그리 살아가요.

우린 행복한 순간 아쉬워해요.
행복이 영원히 이어지지 않는다는 걸 잘 알고 있거든요.
반대로 불행은 어떤가요?

행복도 불행도 영원하지 않아요. 모두가 곧 끝나요.

여러분이 존경하는 누군가와 같이 되고 싶으시죠?
여러분이 왜 존경하는 누군가와 같이 될 수 없는지 아세요?
그 누군가는 여러분이 꺼리고 망설이는 일들을
피하지 않았어요.

더러운 거름이 있어야 큰 수확을 가져와요.

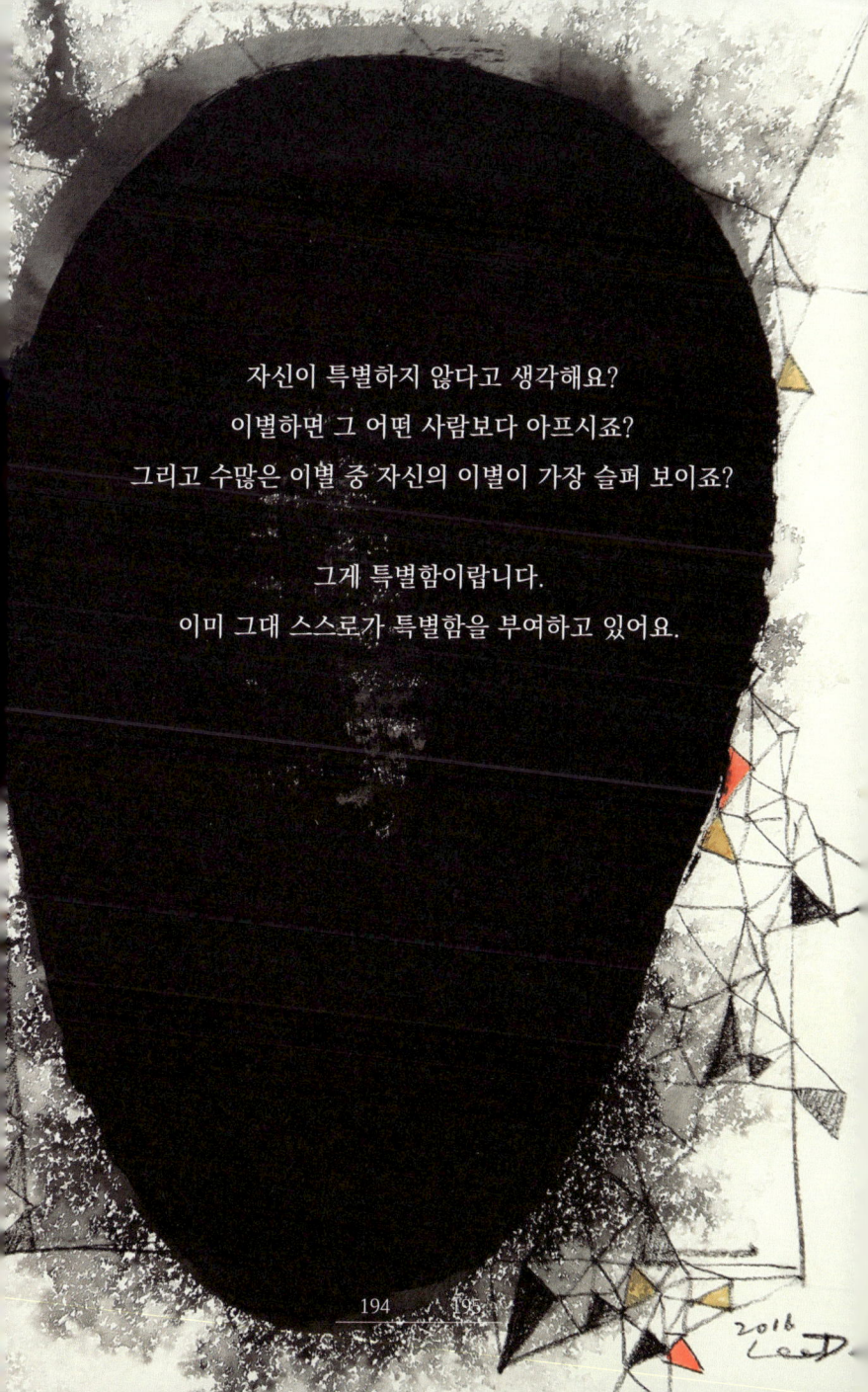

자신이 특별하지 않다고 생각해요?
이별하면 그 어떤 사람보다 아프시죠?
그리고 수많은 이별 중 자신의 이별이 가장 슬퍼 보이죠?

그게 특별함이랍니다.
이미 그대 스스로가 특별함을 부여하고 있어요.

지금 고민은 족발과 통닭 중 선택하는 거예요.
예전에는 돈이 없어 라면 밖에 사 먹지 못했죠.

사람들이 가진 고민 대부분은 넘치기에 찾아오는 것들이에요.
부족하면 오히려 고민은 줄어들어요.

라면 밖에 못 사 먹기에 통닭과 족발 중
어떤 걸 먹을지 고민조차 못 했던 것처럼요.

불안하거나 고민이 있으세요?
저도 그래요. 단 차이점이 있어요.
당신은 그 불안과 고민을 항시 생각하고 있고
전 머리에서 지워버린답니다.

해결 방안을 찾아야 하지 않느냐고요?
제가 물어볼게요.
머리에 담고 있다고 해서 해결되셨나요?

행복을 잘 모르겠어요?
불행의 반대가 행복입니다.
행복하지 않으니 불행한 거고,
불행하지 않으면 행복한 거라고요.
한데 우린 행복하지 않아 불행한 건 잘 느끼면서
불행하지 않아 행복한 건 잘 느끼지 못해요.
불행의 반대는 행복이 아닌 평범함이라고요?

하긴, 행복과 불행은 당신이 정하는 거니
불행의 반대를 뭐라고 부르든 상관없어요.
내가 불행을 기회의 시련이라고 부르는 것과
비슷한 거니까요.
다만 이것만은 꼭 기억해 줘요.
불행과 행복을 정의하는 건 타인이 아닌 당신이라는 걸!

모든 사람은 행복을 원해요.
하지만 대부분의 사람이 죽어라 돈만 벌다 세상을 떠나죠.
왜일까요?
행복을 느끼기에 버는 돈이 부족해요?

그렇다면 당신은 죽을 때까지 벌어도 행복을 느끼지 못해요.
지금 자신에게 만족하는 법부터 배우세요.

누군가 사정이 어려운 그대에게 무료로 1년 동안 숙식을 제공했다면 평생 은인으로 기억하겠죠. 그런데 왜 20년이 넘도록 무료 숙식을 제공한 부모님은 방관하세요?

우리는 만남보다 헤어짐의 악수를 더 많이 하게 됐고
바쁘다는 말을 입에 달고 살게 됐죠.
사랑하는 사람과의 대화보단
직장 사람과의 회의를 더 중요하게 생각했고요.
우린 이런 삶의 핑계로
"사람답게 살기 위해 노력하는 거야."라고 말해요.

근데 사람답게 사세요?
오히려 사람 냄새가 사라진 거 같은데요.

우린 사람을 만날 때 많은 조건을 나열해요.
상대가 그대에게 조건을 늘어놓으면 싫지 않겠어요?
자신이 싫은 일은 타인도 싫어합니다.

행복하고 싶으시죠?

그런데 왜 늘 행복과 먼 생각만 하세요?

오늘 그대의 시간 어디에 쓰셨나요?
행복한 미래를 만들기 위해
부지런히 아낌없이 시간을 쓰셨어요?
그럼, 오늘 행복한 추억을 만든 시간은 얼마나 되세요?
항상 그렇게 미래만 위해 시간을 쓰실 건가요?

미래의 행복은 분명 존재해요.
하지만 추억을 남길 수 있는 지금의 행복도 존재합니다.
미래는 아직도 많은 시간이 남았지만,
지금은 두 번 다시 돌아오지 않아요.

지금에 남겨질 행복한 추억 역시 마찬가지죠.

모두가 다른 꿈을 가지고 있지만 공통점은 있답니다.
바로 사람을 상대한다는 겁니다.
그대가 어떤 꿈을 꾸든지
사람이 이루고픈 모든 꿈은 결국 사람을 상대해야 하지요.
그럼, 모든 꿈의 밑바탕은 사람에게 잘함으로 시작합니다.

그대, 밑바탕을 잘 다져 놓았나요?

우린 시간이란 오솔길을 걸어가고 있습니다.
각자의 오솔길을 돌아봤을 때 그대는 화창함의 씨앗을 뿌려놓았나요?
아님, '얼마든지 기회는 있으니'라는 말로 미뤄서 황폐한 길로 남겨뒀나요?.

자신이 가치가 없다고 생각해요?
그럼 과일을 예로 들어볼까요?
갓 열매를 맺은 과일은 시고 쓰고 맛이 없어요.
비바람도 맞고 햇볕에 갈증을 느끼기도 하면서
비로소 익어가며 달콤해져요.
세상 모든 것은 고통의 시간이 지나야만
가치를 부여받는답니다.

힘드세요? 새벽시장에 나가봐요.
지금 내가 얼마나 편히 살고 있는지 느낄 거예요.

죽고 싶어요? 암센터를 가보세요.
삶을 잡으려 고통과 싸우는 분들 속에 삶을 가벼이 여긴 자신이 한심할 거예요.

집안이 안 좋아요? 봉사활동을 가보세요.
그럼 자신의 조건에 감사하실 거예요.

그대가 밤새 술을 마시며 세상을 불평할 때
누구는 밤새 불평등한 세상과 싸우며 노력해요.
해서 결국 세상을 자신의 친구로 만들지요.

불만이 많은 사람일수록 노력이 적은 사람이 많아요.
밤을 즐기는 사람은
밤을 노력으로 보내는 사람을 결코 이길 수 없어요.

삶의 의미를 묻는 사람들이 있어.
난 늘 똑같이 말해.

내가 서 있는 지금,
내가 숨 쉬는 지금,
내가 당신을 만나는 지금이 바로 의미야.

너무 멀리 의미를 두지 말고 곁에 둬봐.
그럼 새로운 시선이 널 반길 거야.

그대 인생이 실패했다고 생각하세요?
제 이야기 충분히 들어서 얼마나 실패가 많았는지 잘 아시죠?
실패가 많아도 상관없어요.

인생은 딱 한 번만 성공하면 되거든요.

이런 날이 있었어.
길을 걷고 있는데
낯선 누군가가 갑자기 나를 와락 안아주는 거야.
상상으로는 확 밀치고 화를 낼 것 같지?
아니, 나도 함께 꼬옥 안아줬어. 따뜻했어. 아주 많이.

행복의 순간이 너무 늦게 찾아온다고 생각해요?
괜찮아요.
그만큼 행복은 그대를 늦게 떠날 테니까.

한 사람이 절 데려다주며 말했어요.

- 좋은 차가 아니라 죄송해요.

 제가 말했죠.

- 난 당신이 어떤 차를 타고 다니는 지를 보고 가치를 판단하는 멍청한 부류가 아녜요. 찌는 듯한 더위에 에어컨을 내 방향으로 틀어놓고 당신은 땀을 흘리는 모습이 당신의 귀한 가치를 보여줬어요.

교정기를 한 아이를 만났어요.
웃을 때마다 손을 입으로 가져갔죠.
제가 웃음은 나눠야 한다고 하자
아이는 누구에게 싫은 소리를 들었고
가리는 게 예의라고 했어요.

제가 말했어요.

- 그게 예의라며 네 웃음을 박탈하는 사람도 있지만
공유하고픈 나 같은 사람도 있어.

늦은 시간입니다.
어떤 하루를 보내셨어요?
전 하루 종일 할 일도 미루고 늘어지게 잠을 청하며
빈둥거렸답니다.
그냥 의미 없는 하루를 보냈죠.
한데 시간이 아깝지 않았어요.

하루도 빠짐없이 의미를 두기 위해 계획을 세우면 시간에 쫓기게 돼요.

코끝 시린 날 버스 정류장.

주머니 속의 따뜻한 캔 커피.

찬 바람이 불어도 그대가 오기만을 기다리며
웃을 수 있던 나날들.

우리, 너무 잊고 살았지?

오늘은 미래를 위해 노력할 때가 아니야.

언제고 찾아올 지치고 힘든 날을 위해 돌아 볼 수 있도록
웃음을 남겨 놓을 때지.

42년을 살면서 느낀 건...
42년을 살았다고 어른이 되진 않는다는 것.
42년을 산 만큼 쌓여가는 독단과 아집을 버려야 더 큰 세상을
볼 수 있다는 것.
내가 아는 지식과 지혜를 맹신하기보단 주위의 의견을
적극적으로 수렴할 때 더 많은 길이 제시된다는 것.
사랑은 나이만큼 성숙해지지 않는다는 것.
시간은 나를 기다리지 않는다는 것.

십 년 후 42살의 내가 그리워질 거라는 것!

운동을 끝내고 집으로 돌아오는 길...

한 청년이 눈물을 흘리며 거리를 홀로 걷고 있었다.
안아주고 싶었다. 위로하고 싶었다.
말하지 않아도 어떤 아픔인지 느낄 수 있었다.

"그것도 못 해?"라고 말하기 전에 당신이 할 줄 아는 것들을
완벽하게 할 때까지 걸린 시간을 돌아보세요.
"울지마!"라고 소리치기 전에 당신이 "화내지 말아야지"라고
다짐했던 약속을 지켰는지 생각해 보세요.

- 당신도 하지 못하는 걸 강요하지 마세요.

부부싸움을 했다며 친구에게 전화가 왔다.
북적거리는 소리에 어디냐 물으니 술 한잔하고 전화했다며 나와 달라 했다.
내가 말했다.
"내일 당장 죽는다면 넌 아마도 지금 당장 아내에게 달려가 미안하다고 말할 거야. 그리고 사랑을 고백하며 눈물을 흘리겠지. 잘 생각해 봐. 너에게 내일이 없다면 과연 무슨 행동을 먼저 하게 될지. 그게 진짜 옳은 선택이야. 미련하게 시간 버리지 마. 우리 인생 절반 지났고 절반 남았어."
내 말을 들은 친구가 술은 아내와 단둘이 마시겠다며 집으로 들어갔다.

우리 한번 돌아보자.

내일 당장 죽는다면...
사랑하는 사람에게 오늘과 같이 행동할 수 있을까?

'시티 오브 조이'라는 영화가 있어요.
인도를 배경으로 두 남자의 시선에서 보여주는 이야기는
가슴이 저리면서도 아름답죠.
거기서 한 여의사가 말해요.
삶에는 세 가지 방법이 있다.
부딪히거나 방관하거나 도망치거나.

우린, 오늘 어떤 방법을 선택하고 살았나요?

세 치 혀와 두 귀,
열 손가락은 아주 무서운 일들을 만들 수 있어요.
고작 세 치 혀라고 생각하세요?
세 치 혀가 열 사람을 거치면 엄청난 길이가 돼요.
두 귀가 열 사람을 거치면 스무 개의 귀가 되지요.
열 손가락은 백 손가락이 되고요.

그럴수록 과장 돼요.
늘 신중하세요.

전 화려한 말솜씨를 신뢰하지 않아요.
초등학교 때 배운 바른생활을 지키는 사람을 신뢰하죠.
사람이 살면서 갖춰야 할 기본 예의를
8살 때 바른생활에서 배워요.
기본도 안 지키는 사람들의 철학과 사상은
들을 가치도 없어요.

다 잃은 지금의 삶이 절망적이라며 친구가 찾아왔다.
난 그에게 종이를 주며 남은 것을 적어보자 달랬다.
내가 "애인은?"이라고 물었고 그는 한 여자의 이름을 적었다.
"건강은?"이라고 묻자 좋다고 적다.
친구. 가족의 이름을 묻자 모두 적었다.

그가 웃으며 말했다.
"아직 많은 게 남았네."

현재 많은 고민과 미래의 불안으로 답답하세요?
지금부터 제 말 꼭 믿어주세요.
곧 괜찮아져요.
웃음 속에 지난날이 지나친 걱정이었다는 걸 알게 될 거예요.

그러니까 웃어봐요.
당신의 미소를 보고 싶어요.

오늘이 왔지요.
내가 오늘을 살아간다는 건 확실한 증명이지요.
한데 우린 늘 내일을, 미래를 향해 걸어갑니다.

확실히 증명되지 않은 내일과 미래를 위해
증명된 오늘을 어리석게 포기합니다

내가 누군가의 가슴에서 살아간다는 건 정말 행복한 일이야.
그대는 얼마나 많은 사람의 가슴에 남겨졌니?

호의라는 예의를 호감으로 받아들이는 순간
서로 어긋난 오해들이 생겨나.

그때부터야.
상대가 감정을 낭비하고 쏟아버리며 비참해지는 순간은...
확실한 선을 정해줄 필요도 있는 거야.

두려움이 앞서던 나를 찾는데 며칠을 허비했다.
며칠 동안 고민으로 끼니를 제대로 해결 못 했던 탓에 배고픔이 찾아왔다. 치킨이 먹고 싶어졌다.
그러므로 깊은 고민 속 삶의 질책은 나중으로 미뤄야겠다.

지식의 범람 속에 우리는 정녕 행복한가요?
지식은 만족을 모른답니다.

시골에서는 일명 몸빼바지가 자연스럽지만,
도심에서는 튀는 복장입니다.
도심에서 미니스커트가 자연스럽지만,
시골에서는 민망한 복장이죠.

각자의 삶도 그래요.

타인의 삶이 이상해요?
타인에겐 그대가 이상해 보일 수 있어요.

유명한 아무개가 고물 자동차를 탑니다.
사람들은 유명세에도 검소하다며 감탄하겠지요.
평범한 누군가가 고물차를 탑니다.
사람들은 가난하다며 무시하겠지요.

우리의 인식이 이렇게 무섭답니다.

다이아몬드가 아름다운 빛을 낼 수 있는 이유는
태양이 있기 때문입니다.
우리도 같아요.
혼자서는 절대 빛날 수 없죠.
저 같은 경우 독자가 없다면 작가로 살아갈 수 없는 것처럼.

그러니 잘났다고 자만하지 마세요.
여러분을 빛나게 하는 누군가 있기에 가능한 지금이니까요.

20대는 10대에게 "그래도 그때가 좋았어."라고 말하고,
30대 역시 20대에게 그래요.

40대는 30대에게
"내가 그 나이만 됐어도."라는 이야기를 자주 하고

50대는 40대에게
"이제 인생 겨우 시작이네. 부럽다."라고 말해요.

결과적으로 우린 항상 좋은 시절을 살아가고 있는데
언제나 지난 다음에야 깨달아요.

하루의 시간을 어떻게 쓰세요?
보통은 일하면서, 친구와 연인과 쓰시죠?
부모님께는 얼마나 쓰세요?
한때 그대 부모님은 그대를 위해 모든 시간을 소비했어요.

그대가 스스로 집을 나가기 전까지.

라면을 끓이는 방법은 봉지 뒷면에 자세히 나와 있지만 처음에는 대부분 실패해요. 직접 끓여봐야 익숙해지죠. 백날 듣고 말해봤자 행동하지 않는 한 경험할 수 없고 이룰 수 없으며 익숙해질 수 없답니다.

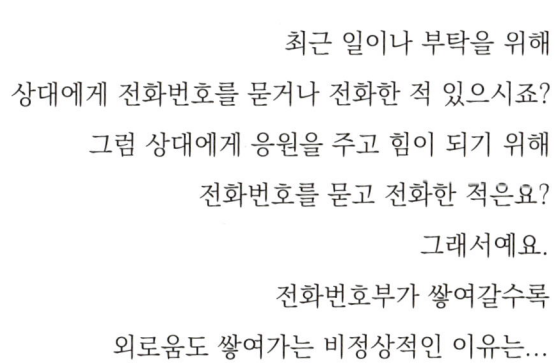

최근 일이나 부탁을 위해
상대에게 전화번호를 묻거나 전화한 적 있으시죠?
그럼 상대에게 응원을 주고 힘이 되기 위해
전화번호를 묻고 전화한 적은요?
그래서예요.
전화번호부가 쌓여갈수록
외로움도 쌓여가는 비정상적인 이유는…

제가 강의할 때 말하죠.
꿈과 현실, 어느 쪽을 선택해도 후회는 늘 따라온답니다.
어떤 사람도 후회 없는 삶을 살지 못했으니까요.
그러니까 후회가 적은 쪽을 선택하세요.

단점보다 장점이 많은 사람은 세상에 없어.
모든 사람은 단점투성이란다.
그래서 서로가 서로를 보듬고 함께 걸어가야 하는 거야.
내가 가진 몇 가지 안 되는 장점으로 타인의 단점을 감싸주고
수많은 내 단점을 타인의 장점들이 보완해 주는 거지.
사람이란 어쩔 수 없어.
그러니까 혼자 걷기보단 함께 걸어가자.

친구야!
이제 네게 해줄 이야기는 끝났어.
혹시 아직도 현재라는 시간이 답답하거나 힘겹니?
이런 편지 따위 읽는다고 현실이 바뀌는 건 아니라고 생각해?
나의 편지가 네게 닥친 고민이나 상황을 해결해 주지 못했어?

그랬을 거야.
그래서 마지막으로 네게 이야기해 주려고.
간절히 바랄게. 이 이야기를 들은 네가 웃으며 책장을 덮고, 힘차게 무릎을 펴고 일어나 세상을 향해 걸어갔으면 좋겠어. 내가 들려준 마지막 이야기 속에 너의 현재가 결코 초라하지 않다는 걸 느낄 수 있길 바라고 바라본다.

친구야! 사실 난 시각장애인이야.
아! 물론 중증은 아니야. 중증 장애를 가진 사람들에 비하면 가벼운 장애이긴 해. 그렇기 때문에 내가 장애가 있다고 말하는 게 과연 옳은 일인지 고민하기도 했어. 하지만 법적으로 복지카드가 나온 장애고, 눈이 잘 보이지 않는 것도 사실이기에 고백하기로 결심했어.

나는 어렸을 때부터 원추각막이라는 병을 앓았었는데.

나도 몰랐던 사실이었어. 안경을 쓰고도 시력이 교정되지 않아서 약시라고만 생각했거든. 그런데 나도 모르는 사이 점점 시력이 떨어지기 시작했어. 아주 긴 시간 동안 천천히 떨어진 시력은 성인이 돼서야 심각하다는 걸 인지할 수 있었지.

20살 때부터 급격하게 나빠졌던 걸로 기억하는데, 너도 알다시피 안경을 사거나 바꿀 수 있는 형편이 아니었잖아. 오래된 안경 때문에 잘 보이지 않는다고 생각했어. 나중에 안경만 바꾸면 해결된다는 안일한 생각이 화근이었지. 21살이 돼서야 안경 하나 정도 바꿀 수 있는 여유가 생겼어.

안경점에 가서 시력검사를 진행했어. 그런데 안경사가 왼쪽 눈이 이상하다며 고개를 갸우뚱하더라. 아무리 도수를 올려도 교정이 안 된다며 병원에 가보라고 했어. 나는 불안한 마음에 병원을 갔는데, 그때 처음으로 시각장애 판정을 받았어. 믿을 수 없었어. 혹시나 하는 마음에 세 군데의 병원을 찾아갔지만, 결과는 같았어.

병원에서는 시력이 나빠진 원인을 찾기 위해 정밀검사를 요구했어. 하지만 비싼 검사 비용에 단숨에 거절했지.
그때 난 일생일대의 실수를 해버린 거야.

나는 정확한 병명을 알지 못한 채 수년을 살았어. 그때까지도 '약시라서 그런가 보다,'하며 대충 넘어갔거든. 그러던 어느 날 왼쪽 눈이 바로 앞 글씨도 구분 못 할 정도로 흐릿해졌어. 처음으로 겁이 났고 돈이 문제가 아니라는 걸 알게 됐지. 나는 부랴부랴 병원에 찾아가 정밀검사를 받았어. 그제서야 아주 오래전부터 원추각막이 진행됐다는 걸 알 수 있었어.

원추각막이 어떤 병인지 궁금하지? 각막에 변형이 오는 병이야. 매끈해야 하는 각막의 모양이 변하면서 시력이 교정되지 않는 병이지. 불과 몇 년 전에만 알았어도 수술을 통해 시력을 회복하거나 더 이상 진행되지 않도록 막을 수 있었어. 하지만 너무 늦었더라. 변형이 심해 시력 회복은 불가능한 상태였지.

그래도 다행인가? 각막 변명을 막을 수 있다고 장담하진 못하지만, 느리게 진행되는 수술은 가능하다고 했어.

나는 왼쪽 눈만 원추각막인데 오른쪽 눈도 왼쪽 눈만큼 시력이 나빴어. 의사가 말하길 눈은 한쪽이 나빠지면 다른 쪽까지 같이 나빠진대. 신체가 양쪽 시력을 비슷하게 만든다는 거지. 그리고 오른쪽 눈 역시 고도 근시와 난시로 인해 수술을 해도 완벽한 시력 회복은 어렵다는 말을 전했어.

작가를 꿈꾸던 내가 시각장애인으로 살아야 한다는 사실을 믿을 수 없었어.

그동안 내가 얼마나 노력했는 줄 알아?

지하방에서 쫓겨난 뒤 다시 노숙을 하면서도 포기하지 않았어. 쫓겨난 지 6개월 만에 보증금 300만 원에 월세 30만 원짜리 방을 구했는데, 세상을 다 가진 기분이었어. 빛 한 줌 들어오지 않는 5평짜리 지하실이었지만 혼자만의 공간이 생겼다는 것만으로 충분히 행복했거든. 나는 방 한쪽 벽에 〈소재원 작가의 집필실〉이라는 글을 붙여 놓았어.

비록 라면 하나로 하루를 버티고 지독한 외로움에 힘겹기도 했지만, 끝까지 작가라는 꿈을 붙잡고 살아갔지.

그렇게 20대 중반이 찾아오고 있었어. 나는 첫 소설인 〈터널〉을 완성했어. 하지만 대한민국에 존재하는 모든 출판사에서 거절당했지. 절망하지 않았어. 불안하거나 기죽지도 않았어. 아니, 쓰러질 여유가 없었다고 해야 할까? 그땐 감정이 날 지배하는 순간 벼랑 끝에서 떨어질 걸 알았으니까. 내가 벼랑 끝에서 아직 떨어지지 않은 이유는 10년이란 기간 동안 좌절하지 않기로 약속했기 때문이잖아. 그 맹세를 지키기 위해 과감히 〈터널〉에 대한 미련을 버렸어. 원고를 방구석 깊숙이 밀어 넣고 새로운 소설을 쓰기 시작했어. 방황과 고민, 불안은 내게 사치였어. 난 벌써 10년의 시간 중 4년을 소비했거든. 이제 6년이라는 시간만이 내게 남아있었던 거야. 죽어라 열심히 써 볼 시간이 6년밖에 남지 않았다는 거지. 근데 그건 내가 멀쩡할 때 가능한 이야기였어. 눈이 보이지 않는다는데 어떻게 글을 쓸 수 있겠어? 글을 쓸 때 글씨가 흐리게 보인다는 거, 이거 여간 거슬리는 게 아니거든.

나는 병원에서 나오자마자 아빠에게 전화했어. 수년 만에 처음으로 한 전화였어. 어떻게 해서든 수술해야 했어. 수술비를 마련하기 위해 내가 할 수 있는 유일한 선택은 아빠뿐이었어. 다행히 아빠는 전화를 받았고, 나는 수년 만에 "나야"라는 목소리를 전했지. 아빠는 덤덤하게 통화를 이어갔어. 마치 어제 통화한 사람처럼 말이야. 내가 구구절절한 이야기를 하려 했어. 수단과 방법을 가리지 않고 수술비를 받아내야 했으니까. 근데 내가 이야기를 꺼내기도 전에 아빠가 물었어.

"계좌번호 있니? 줘봐. 돈 좀 보내줄게."

눈물이 와락 쏟아졌어. 20년 동안 쌓아왔던 원망이 터져 버렸어. 처음으로 아빠에게 소리를 질렀어. 수년 동안 겪은 힘겨움을 고해성사하며, 투정 부리고 위로받고 싶었어.

"내가 얼마나 힘들었는지 알아? 근데, 이제 눈도 안 보인다잖아! 내가 버틸 수 있었던 건! 아빠도 아니고 엄마도 아니야! 바로 내 꿈이었다고! 얻어터져도, 쫓겨나고 노숙을 해도! 작가가 되고 싶어 참았다고! 울지도 않고 슬퍼하지도 않았어! 내가 울거나 슬퍼하면 꿈이 저 멀리 도망갈까 봐! 그딴 생각 곁에 오지도 못하게 미친 듯이 살았다고!"

아빠는 내 이야기를 말없이 들어줬어. 한 시간이 넘는 통화였어. 나는 쏟아내고 아빤 받아주던 시간 속에서 아빠가 딱 한 마디를 전했어.

"베토벤도 음악을 했는데 귀가 들리지 않았어. 그런데 사람들은 베토벤의 음악을 듣고 위대하다고 말하잖아. 재원이 네 이야기를 들으며 곰곰이 생각해 봤어. 베토벤이 왜 위대한지를. 들리지 않는 가운데 음악을 만들었기 때문은 아닐까? 재원이 너도 그럴 수 있지 않을까? 흐릿한 눈으로 사람들의 마음을 움직이는 글을 쓴다면 사람들은 널 위대하다고 생각하지 않을까?"

머리가 멍해지더라. 아빠의 말 때문이 아니었어. 말을 전하는 아빠의 음성 때문이었어. 울고 있다는 걸 알 수 있었어. 떨려오는 손으로 입술을 깨물고 통화하는 모습이 그려졌어. 눈물을 닦을 새도 없이, 혹시 우는 걸 알면 내가 전화를 끊을까 봐 노심초사하는 아빠의 얼굴이 떠올랐어. 아빠는 서둘러 다음 말을 전했어. 눈물을 꾸역꾸역 가슴속 깊숙이 쑤셔 넣고 최대한 평온하게 말하기 위해 애쓴다는 걸 느낄 수 있었지.

"엄마에게 쓴 수백 통의 편지들. 허락 없이 봐서 미안해. 근데 재원아. 너 재능 있어. 그리움과 외로움, 힘겨움 같은 감정들이 네 편지에 고스란히 담겨있더라. 거짓말이라고는 하나 없는 솔직한 편지를 보면서, 적어도 네가 작가가 된다면 누군가에게 힘이 될 거라 생각했어. 그리고 네 편지를 보면서 아빠가 하루에 3천 원씩 모았어. 하루도 빠짐없이, 무슨 수를 써서라도 모았거든?"

아빠는 말을 잇다가 끝내 흐느끼고 말았어. 나도, 아빠도 소리 없이 울며 통화를 이어갔어. 아빠는 애원과도 같은 서글픔을 가득 담아 말했어.

"아빠가 네게 해 줄 수 있는 게 이것뿐이지만, 네가 아픈 편지를 쓰게 만든 못난 아빠지만, 혹시 네가 걸어가는 꿈에 도움이 된다면 받아줄래? 이렇게 적은 돈이 네 꿈에 도움이 될 진 모르겠어. 근데 적어도 네가 작가가 되고 싶다는 꿈이 이 돈으로 인해 하루만이라도 지켜질 수 있다면 아빤 충분하다. 미안하다. 정말 미안하다. 그래도 하루만이라도 더, 네가 꿈을 지켜갔으면 좋겠다. 아빠로 인해 하루만이라도 더, 꿈이 지켜졌으면 좋겠다. 이루지 못하더라도, 하루만이라도 더, 네가 꿈꿀 수 있다면 아빤 그걸로 족해."

이 순간은 아직도 내게 신앙과 같은 기억으로 남아있어.

그 뒤로 난 눈을 감고 타자 치는 연습을 했어. 그리고 똑같은 모델의 키보드를 가득 사놓았지. 죽어라 연습하자 손에 익은 키보드에선 오타가 별로 나오지 않았거든. 나는 지금도 눈을 감고 자판을 두들겨.

아! 왼쪽 눈은 괜찮은 거냐고? 응! 나아지진 않았지만 진행되지 않고 있어.

눈을 감고 쓰는 버릇을 들이니 내 눈은 글자를 따라가지 않게 됐어. 어둠뿐인 공간에 내가 상상한 장면을 그리면, 손은 빠르게 장면을 타이핑하지. 내 작품이 영화로 만들어질 수 있었던 가장 큰 이유가 바로 이거야. 내 글은 읽을 때 머릿속에 그림이 그려지거든. 많은 사람이 똑같이 말해. 이런 독특한 글쓰기는 눈을 감고 쓰는 훈련이 만들어낸 결과물이었던 거야.

어느새 베토벤이 이해되더라. 악기란 익숙한 소리를 지우고 상상이 그려낸 음률을 써 내려갔을 거야. 우린 그 음악을 통해 베토벤의 위대함을 느낄 수 있었던 거지.

아빠가 틀렸어. 듣지 못하는 음악가라서 위대해진 게 아니야. 들리지 않기에 자신만의 음악을 창조할 수 있었고, 베토벤만이 만들 수 있는 음악을 남겼기에 위대해진 거지.

내 이야기는 여기까지야.
예전에 썼던 편지처럼 구구절절 설명하지 않을게. 이렇게 살았으니 힘내라, 좌절하지 마라. 따위의 말로 네 생각을 침범하지 않을게. 네가 어떤 마음으로 내 이야기를 받아들일지, 네 몫으로 남겨놓고 싶어.

단지 나의 소중한 친구에게 몇 가지를 말해주고 싶다.

보잘것없는 시련은 찬란한 너의 미래에 비해 나약하다는 걸!
시련은 너를 막아설 힘이 없다는 걸!
너는 나보다 훨씬 귀한 사람이라는 걸!
너는 나보다 더 많은 기적을 이룰 수 있다는 걸!
너는 나보다 더 많은 행복에 웃을 거라는 걸!
너는 나보다 모든 것들에 앞서 걷고 있다는 걸!
내 이야기는 진심이라는 걸!
나는 널 진심으로 사랑한다는 걸!

- 나를 진짜 친구라고 생각해 주길 바라는 너의 친구 재원이가.

∫ 작가의 작품 활동

2008 <비스티 보이즈>, <아비> 출판, 영화 <비스티 보이즈> 개봉
2009 <밤의 대한민국> 출판
2010 <살아가려면 이들처럼>, <형제>, <소원> 출판
2011 <기억을 잇다 (아버지 당신을)> 출판
2013 <터널> 출판, 영화 <소원> 개봉
2014 <이야기> 출판
2016 <균> 출판, 영화 <터널> 개봉
2018 <이별이 떠났다> 출판, 드라마 <이별이 떠났다> 방영
2019 <행복하게 해줄게> 출판
2020 영화 <미스터 주> 개봉
2021 영화 <공기살인> 개봉

∫ 작가의 사회적 활동

13세 미만 아동성범죄 공소시효 폐지운동.
가습기 살균제 참사 불매운동.
사회적참사법 포럼 활동.
장애인 웨딩촬영 봉사.
사회적 약자 생일파티 봉사.
행복한 세상 만들기 봉사단체 운영.
가족 생일 기부활동 캠페인.

여전히 그는 사회적 약자들의 꿈을 지키기 위해 작가가 꿈인 약자들에게 무료 수업을 진행 중이며, 교육환경이 열악한 지역 청소년들을 직접 찾아가 아이들의 꿈을 지켜주고 있다.

∫ 내지 그림 작가 소개

故 소병호 화백 (1931~1988)

서양화 故소병호 예인은 전북 익산 출생으로 인물화 위주 사실풍의 서양화가이다. 신상전, 국전 입선 2회 등을 수상했고, 전북미술전람회 초대작가로 활동했다. 소재원 작가의 친할아버지이다.

이도 화백 (LEE DO)

개인전
파리, 북경, 로마, 서울, 부산, 대구등 30회

주요단체전
21현대미술의 시선 (울산)
2017 올해의 중견작가전 (대구문화예술회관)
2013 서울아트쇼 (세텍)
2012 신나는 미술관 (양평군립마술관)
동방의 빛 - 한,중,일 대표작가 (황산-중국)
KIAF (COEX - 서울), Shanhai Share Expo (상하이)
SICAF - 필립강갤러리 (COEX - 서울), 대구아트페어 (Exco - 대구)
상하이아트페어 (상하이마트), 로마아트페어 (로마)
3 인전 (CS Fain Art - LA), 한,일현대작가전 (오사카)
살롱앙데팡당전 (그랑팔레 - 파리), 살롱유렵 (파리)

수상
93 Salon Bagneux (프랑스) ' 우수상 '
04 대한민국미술대전 ' 우수상 '
05 전국연극제 ' 무대미술상 '
06 정수미술대전 ' 초대작가상 '

벼랑 끝이지만 아직 떨어지진 않았어

초판 1쇄 인쇄 | 2024년 2월 14일
초판 5쇄 발행 | 2024년 3월 26일

지은이 | 소재원
펴낸이 | 김명진
펴낸곳 | 프롤로그
표지디자인 | seongah.official (SONA)
내지그림 | 소병호 화백. 이도 화백 (LEE DO). 소철 화백. 소선아 화백
Icons by Icons8

출판등록 | 제2021-000001호

공급처 | 주식회사 프롤로그
전화 | 070-8621-5833
팩스 | 031-8057-6533
이메일 | prologuebooks@naver.com

값 18,000원
ISBN 979-11-973326-7-8 (03810)

※ 이 책은 본사와 저자의 허락 없이는 내용의 일부 또는 전체의 무단 전재나 복제, 광전자 매체 수록 등을 금합니다.
※ 잘못된 책은 구입처에서 교환해 드립니다.